多賀少年野球クラブ『脳《ノー》サイン野球』で考える力と技術が自然に伸びる！

多賀少年野球クラブ監督
辻正人 著

KANZEN

はじめに

選手が自ら考えて、行動する
ノーサイン＝脳サイン野球とは？

野球の競技人口減少への危機感は年々、大きくなっているように感じます。私のもとにも少年野球チームの指導者をはじめ、野球関係者が訪れてきて、「このままでは地域から野球がなくなってしまう」といった声を聞きます。

私は20歳の時、地元の滋賀県多賀町に小学生を対象にした軟式野球チーム「多賀少年野球クラブ」を立ち上げました。チームは今年で（２０２３年）創設35年となりました。確かに、野球を取り巻く環境は変化していると感じています。子どもの数が減り、野球以外の選択肢が増えている中で、競技人口を増やすのは簡単ではありません。むしろ、減少するのは自然な流れと言えます。野球に携わる大半の大人は、野球の魅力を伝えようと一生懸命に動いています。少年野球の指導は基本的にボランティア。監督やコーチは平日の朝から夕方まで仕事をして、土日や平日の夕方に子どもたちを指導しています。

なぜ、そこまで指導者が熱心になれるのか。根底にあるのは、子どもたちと一緒に野球をする時間が好きで、野球の楽しさを子どもたちに伝えたい気持ちのはずです。令和の時代に入った今でも、まだ一部では子どもを怒鳴り、パワハラと言われかねない指導が残っていることは否定しません。ただ、野球人口が減少している最大の理由は〝自然減〟であって、指導者や関係者の責任ではないと思っています。誰も悪くないんです。

少年野球チームに求められる役割は昭和、平成の頃と比べて大きく変わっています。時代の変化に対応できないチームは部員が減り、存続できなくなるでしょう。監督やコーチの指示を従順に遂行する選手は、今の時代に求められる人材ではありません。指示を待つのではなく、自ら考えて行動する人間が企業や社会で重宝されます。

野球離れに歯止めをかけるには、どうすれば良いのか。私は「付加価値」がキーワードになると考えています。野球の楽しさを伝えるだけではなく、野球を通じて子どもたちのどんな部分が成長するのか。より具体的な表現にすると、少年野球が育児の一部にならなければ、保護者に選んでもらえなくなると思っています。

多様化する令和の時代
少年野球に必要な付加価値とは?

子どもの習い事は多種多様になっています。ラグビーやゴルフ、ダンスやボルダリングなど、私が子どもの頃はなかった競技はたくさんあります。スポーツ以外にも、英会話やプログラミングといった習い事をしている小学生もいます。

その中で、昭和から平成を経て令和の時代になっても変わらず人気なのはスイミングです。大半の保護者が、子どもを競泳のオリンピック選手にしようとは思っていません。それでも、スイミングが選ばれているのは、「体が丈夫になる」という考え方が根強いからだと思います。これは泳ぎが上手くなる以外の付加価値であり、育児の一部になっている証と言えます。一流選手になれなくても、子どもの将来に生きると考えている保護者が多いため、時代が移り変わってもスイミングは不動の地位を築いているわけです。

少年野球が生き残っていくためには、こうした付加価値が必要になります。私は、先を読む考える力や主体性に野球の付加価値があると思っています。怒声罵声で選手を管理する指導、挨拶や礼儀のようなしつけは求められていません。

私は10年以上前から、「ノーサイン＝脳サイン野球」を実践しています。選手に一切サインを出さず、守備も攻撃も選手同士でサインを出したり、アイコンタクトを取ったりして試合を進めています。もちろん、ノーサインでプレーするにはベースとなる考え方を伝え、練習を重ねる必要があります。ただ、基本を身に付けた選手たちは、知識を活用して頭を使う楽しさを覚えます。将棋のように相手の一手、二手先を読んで動くようになります。

多賀少年野球クラブは現在、年少の園児から小学6年生まで部員が１１０人を超えています。20年以上前から毎年のように全国大会に出場し、日本一を3度達成していることから、周りからはチームが強いから部員が増えていると思われがちです。ところが、10年前までは、ずっと部員が25人前後でした。なかなか選手が増えず苦労していました。部員が大幅に増えたのは脳サイン野球をスタートし、怒声罵声の指導を全面的に禁止してからです。決してチームの強さだけが要因ではありません。

私が目指すのは、子どもたちが野球を楽しんで好きになることは言うまでもなく、保護者が自分の子どもをプレーさせたいと思う少年野球チーム。楽しさにプラスした価値を得られる少年野球チームです。

これまで、多賀少年野球クラブの象徴ともいえる脳サイン野球について、特に肝になる座学に関しては多くを語ってきませんでした。チームの強さの理由、いわば〝企業秘密〟だからです。しかし、深刻な野球離れを目の当たりにし、私たちのチームだけ部員を増やしても問題は解決しないと痛感しました。

指導者が変わればチームも変わる 楽しくて強いチームは作れる

この書籍では、なぜ小学生がノーサインでプレーできるのか、ノーサインで動くためにどんな知識を身に付けているのか、脳サイン野球を体現するにはどのような練習をしているのかなど、惜しみなく伝えていきたいと思っています。野球は指導の仕方次第で、子どもたちの考える力や自主性が確実に育ちます。野球の指導者や野球に関心のある保護者の方々の参考となり、野球をする子どもたちが1人でも増えていくお手伝いができればと思っております。

今でこそ私は自分の指導に迷いがなくなり、楽しさと強さを両立する育成法を確立しました。しかし、35年の指導のうち25年近くは、攻撃でも守備でも子どもたちは私が出したサインを実行するだけでした。怒鳴る指導を完全にやめたのは5年ほど前からです。他の少年野球の指導者と同じように、選手が思い通りに動かないことに苛立ち、部員が増えないことに悩んできました。何度も何度も自分の指導法を反省しました。でも、変身しました。私が変われたんです。誰にでも、楽しくて強いチームは作れます。選手は監督のサインなしで考えてプレーするようになります。指導者が変われば、必ずチームは変わります。

CONTENTS

第1章

「脳サイン野球」を行うために必要な座学

脳サイン野球を志したキッカケ 世界大会で感じた野球を楽しむ大切さ

脳サイン野球とは何なのかをご説明する前に、まずは現在に至るまでの私とチームの足跡を簡単にお話しします。私は滋賀県で生まれ育ちました。小学校高学年の時にソフトボールをしていて、野球を始めたのは中学生。中学校の軟式野球部に入りました。

高校は近江高校に進み、野球部に所属していました。高校卒業後は大手スポーツメーカー「ZETT」に就職。当時はスポーツ用品が飛ぶように売れていた時代で、「これなら自分でも商売ができる」と入社から2年半で独立し、地元にスポーツ用品店を構えました。

そのタイミングで多賀少年野球クラブを立ち上げました。今から35年前の1988年、私は当時20歳。部員12人からのスタートでした。指導のベースは私が経験した高校野球のモノマネです。監督の言うことは絶対。練習中に笑顔はなく、厳しく指導していました。振り返るのも恥ずかしい、子どもたちに申し訳ない最悪の指導でした。グラウンドを20周走らせたり、正座をさせてミスを叱ったりする時もありました。

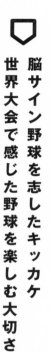

かつては自身が経験した高校野球のモノマネが指導のベースだった

ただ、考えることは好きだったので、どんな戦い方をすれば勝てるのか、そのためにどのような練習をすれば良いのかは見えていました。選手は厳しい練習に耐えて力をつけ、チーム結成から7年ほどで滋賀県大会を制しました。

チーム立ち上げから12年経った２０００年には〝小学生の甲子園〟と言われている「高円宮賜杯全日本学童軟式野球大会マクドナルド・トーナメント」に初出場しました。以来、毎年のように全国の舞台に立っています。マクドナルド・トーナメントでは２００４年と２００９年に準優勝、２０１８年と２０１９年は日本一を果たしました。全国スポーツ少年団軟式野球交流大会でも２０１２年と２０１５年が準優勝、２０１６年には優勝を飾りました。

全国大会3度の優勝、１１０人を超える部員。数字だけを見ると、多賀少年野球クラブが歩んできた35年間は順風満帆だったと思われるかもしれません。でも、実際は部員集めに苦労した時期もありましたし、怒声罵声による指導が間違っていると気付くまでには時間がかかりました。後に痛感することになりますが、チームが強くなれば部員は増えていくと勘違いしていました。

多賀少年野球クラブでは「世界一楽しく！　世界一強く！」をモットーにしています。きっかけは２０１１年に出場した国際ユース野球イタリア大会でした。この年のマクドナルド・トーナメントは3位でしたが、優勝チームと準優勝チームがイタリア大会出場を辞退したため、私たちのチームが繰り上げで世界のチームと戦う機会を得ました。

結果は優勝。ただ、結果以上に財産となったのが、ヨーロッパのチームと試合ができたことでした。日本の小学生ほど技術は高くないものの、選手たちは本当に楽しそうにプレーしてい

2000年に初めてマクドナルド・トーナメントに初出場を果たす

2011年8月。野球人生を帰るキッカケになった、イタリアユース大会（イタリア・ネッツーノ）

ました。笑顔で白球を追い、ミスが出ても、試合に負けても楽しそうでした。私はそれまで「試合中に笑顔を見せないのは当たり前」と思ってきましたが、〝野球の常識〟は、間違っているのではないかと疑問を抱きました。本来、野球は楽しいものです。それなのに、指導者が勝利ばかりを追い求めて、子どもの楽しみを奪っているのかもしれないと反省しました。そこで、楽しさと強さを両立できるチームを目指すことにしました。

２０１１年がチームにとって大きな転換期となった理由は、もう1つあります。3位に終わったマクドナルド・トーナメントがきっかけで、ノーサインに方針転換したからです。

この大会では相手チームに、ことごとくサインを見破られました。私たちのチームのサインは複雑で、サインを出すスピードも超高速でした。にもかかわらず、相手チームの監督に研究されていました。当時は攻撃も守備も全てのサインを私が出し、選手を動かしていました。今のように選手が考えてプレーすることはなく、送りバントはどこに転がすか、エンドランはどこを狙って打つかなど、サイン通りに選手がプレーできるように練習でひたすら精度を高めていました。

その頃、私には口癖がありました。「お前たちは何も緊張しなくてもいい。監督の言う通りにやっていれば、試合に勝たせてあげるから」。私が戦略や戦術を練っているので、選手が的確に指示に従えば勝てると思っていました。アウトカウントやボールカウント、走者の状況や相手バッテリーの心理など、一手先、二手先を常に考えて選手に指示を出します。将棋で言えば、監督が棋士、選手は文字通り駒でした。思い通りに試合を進めるには、監督がサインを出して選手を操った方が手っ取り早いわけです。

しかし、サインを見破られたことで対策を講じる必要性に迫られました。そこで思い付いたのがノーサインでした。サインを見破られないためには、「サインを出さなければいい」という考えにたどり着いたのです。私が頭の中で描く戦略や戦術を選手たちに教えて、「選手全員の脳を辻正人にしよう」と決めました。

今でこそ、考える野球がチーム全体に浸透していますが、前向きな理由でノーサインを導入したわけではありませんでした。もし、サインが相手チームに見破られず全国大会で優勝していたら、今も選手にサインを出し続けていたかもしれません。思わぬ形で選手は野球を考える楽しみを知り、自主性が育つ形になったわけです。まさに、怪我の功名と言えます。

スローボールに外野4人シフト
チームに合わせた戦術で勝利を目指す

マクドナルド・トーナメントの出場権を手にした今年の滋賀県大会も、もちろん脳サイン野球で臨みました。ベンチにいる私は選手に一切サインを出しません。選手同士でサインを出して試合を進めます。多賀少年野球クラブは全国大会に行くのが当たり前のように思われていますが、毎年必死です。ゴールデンウィークに開催された今年の県大会は準々決勝が3-2と接戦を制しての勝利。決勝は最終回に3点を勝ち越して7-4で優勝を決めました。選手たちの考える力が存分に発揮された大会でした。

実は、滋賀県大会が始まる2週間前、チームは自信を失っていました。私は現在、幼児と小学校低学年を中心に指導しています。多賀野球を熟知している小学5、6年生のトップチームは基本的にコーチに任せています。そのコーチから、こう言われました。「八方ふさがりです。もう打ち勝つしかありません」。全国大会をかけた戦いが2週間後に迫り、チームは最終的な仕上げに入っていました。しかし、練習試合で打ち込まれ、投手力に大きな不安が残っていました。

そこで、大会までの最後の1週間は私がトップチームを見ることにしました。親交のある愛知県の少年野球チーム「北名古屋ドリームス」の監督に「練習試合をさせてほしい」と電話しました。北名古屋ドリームスは全国大会の常連で、2021年にはマクドナルド・トーナメントで準優勝しています。普段は北名古屋ドリームスが私たちのグラウンドに来るのですが、「練習試合が入っているのであれば、合間に1試合だけでもいいから組んでほしい」とお願いして、私たちのチームが遠征しました。

うちのチームは今年、打力を武器としています。一方で、ずっと投手が課題でした。例年は球速が110キロ以上出る投手がいるのですが、今年は一番スピードがある投手でも105キロしか出ません。大会までの残り1週間で球速を上げるのは難しいので、私は105キロの球を速く見せようと考えました。選んだ方法は、スローボールを今よりも10キロ遅くする投球です。直球の最速を10キロ上げるのが理想ですが、それができないのであれば、スローボールを10キロ遅くして緩急の差を作り出す作戦。遠征の目的は超スローボールを試合でコントロールし、全国トップレベルの北名古屋ドリームスにどこまで通用するのかを試すことでした。

この作戦は上手くハマりました。北名古屋ドリームスの監督には「なかなか打てない」と言われました。うちのチームの選手たちも手応えをつかみ、どん底の雰囲気だったチームに光が差しました。超スローボールは滋賀県大会では残念ながら駆使できませんでした。ただ、名古屋への遠征で最も大事なのは、選手たちが「よし、いける」という自信を取り戻すことでした。不安なまま大会に入れば、普段は当たり前にできるプレーにミスが生まれて悪循環に陥ってしまいます。北名古屋ドリームスとの練習試合後、選手たちの表情は明らかに変わりました。

この練習試合では、もう1つ試した作戦がありました。外野4人シフトです。これは、多賀少年野球クラブで10年以上前に使っていた作戦でした。今チームにいる子どもたちは初めての経験だったので、私が説明すると「えーー!」と驚きながら喜んでいました。ポジショニングは右翼手と左翼手は定位置で、二塁手が右中間、中堅手が左中間に入ります。

ここからが脳サイン野球の真骨頂です。私が外野4人シフトの基本を教えると、子どもたちは応用していきます。相手が引っ張る確率が高い右バッターになると、右翼手と左翼手は定位置のまま、二塁手が中堅手の定位置、中堅手が左中間に動きます。よりアウトを取る確率を高くするため、左翼方向の打球に備えるわけです。

野球はリスクとの戦いです。定位置というのは決まった位置で守るのではなく、アウトを取る確率が最も高いところで守備をすることを意味します。つまり、定位置はバッターの傾向や風向き、アウトカウントや点差などで変わってきます。選手たちは外野4人シフトの中でも、その時々でベストな位置を判断していました。チームの選択肢には、内野を5人にするシフトもあります。外野手を右翼と左翼の2人にして右中間と左中間を守り、中堅手が二塁ベース近くに移動する形です。

滋賀県大会では外野4人シフトは上手くいきました。奇策のように見えるかもしれませんが、選手たちは準備をして、根拠に基づいて守備位置を決めています。大会では、試合に勝った後、スタンドで次の試合を観戦しました。勝利したチームが次の対戦相手になるからです。私は選手たちと一緒に試合を見ながら、気付いたことを伝えます。選手たちも「今のバッターはスイング軌道を見ると引っ張りしかできない」、「このバッターは逆方向へのゴロが多くなる打ち方」など、自分たちの意見を話します。戦い方を整理して、試合当日を待たず次戦に向けたミーティングは終了です。闇雲に外野を4人にしたり、ポジショニングを変えたりしているわけではありません。必ず根拠や狙いがあります。

実際に試合では外野4人シフトで取れたアウトが、いくつもありました。ただ、この作戦は投手が相手打者を圧倒する力がないことを意味します。昨年のチームは投手力が高かったので、外野を厚くする必要はありませんでした。少年野球は社会人野球やプロ野球と違って、毎年選手が入れ替わります。その時のチーム構成によって勝つためにベストな方法を見つけ出さなければ、安定して成績を残すことはできません。過去のチームでは、連投せざるを得ない投手の負担を最小限にとどめて怪我をさせないように、投球の8割をスローボールにする作戦を実行した試合もありました。上手い選手が3人、4人揃った年に強いだけでは、チーム力がついたとは言えないと考えています。

今大会では打倒・多賀少年野球クラブを掲げ、〝秘密兵器〟を投入してきたチームもありました。研究されないように、うちの試合に登板させる投手を大会でも練習試合でも投げさせずに隠し続けてきたそうです。奇襲を狙ったわけですが、私たちのチームには、どんな投手がきても、どんな戦い方をされても想定外にならない強みがあります。

多賀少年野球クラブが他のチームと比較にならないほど、練習試合や紅白戦といった実戦練習に時間を割いているのは、想定外を徹底的になくすためです。右投手も左投手も、速球派も軟投派も、苦手なタイプがなくなるまで練習します。練習試合では勝敗を重視していません。どんなタイプの投手が苦手なのか、チームの課題を見極めることが目的です。滋賀県大会で対戦したのは確かに好投手でしたが、うちの選手たちが手こずることはありませんでした。接戦の戦い方も頭に入っているので、1点を争う場面でも慌てずにプレーしていました。この考える力がチーム最大の特長で、個々の能力が高くない年ほど結果を出す上で大事になります。

監督がサインを出さず、選手が状況に応じた判断やプレーを選択するには、監督の考え方や戦術を全て選手に理解してもらう必要があります。そこで、私が取り入れているのは座学です。体で表現する前に野球脳を鍛えます。

野球は初回から最終回までに取った〝総得点〟で争う競技

座学では、まず野球の競技特性を説明します。ホワイトボードを使って、野球はバレーボー

座学は雨の日に体育館で行うことが多い。問いかけをしながら子どもの考える力を育む

ルやテニスとは違うことを知ってもらいます。野球には、バレーボールやテニスのようにセットカウントがありません。9回までの合計得点で勝敗を争います。

例えば25点先取のバレーボールで、チームAが第1セットから第5セットまで、5、25、5、25、25と得点したとします。対戦相手のチームBは、第1セットから順に25、20、25、20、20と得点しました。

この場合、セットカウント3-2でAチームの勝利となります。ただ、5セットでの総得点を比較すると、チームAは85点でチームBは110点。試合に敗れたチームBが25点も多く点数を取っています。総得点は勝敗に

図１　野球とバレーボールの違い

野球

							合計
チームＡ	4	0	0	0	0	0	4
チームＢ	1	1	1	1	1	X	5

初回一気に４点差をつけられたチームＢだが、一挙に４点取り返さなくても、６イニングの中で堅実に得点ができれば、最終的には勝てる。この発想が野球では大切になる

5 - 4
でチームＢの勝ち

バレーボール

	1セット	2セット	3セット	4セット	5セット	合計得点
チームＡ	5	25	5	25	25	85
チームＢ	25	20	25	20	20	110

合計得点はチームＢの方が多いけど……

3（セット）- 2（セット）でチームＡの勝ち

無関係で、セットカウントで争うのがバレーボールの競技性です（図1参照）。卓球やテニスも同じ仕組みになっています。もし、私がバレーボールの監督だったら、序盤で大差をつけられたセットは主力メンバーを全員ベンチに下げます。そのセットは控えメンバーに任せて、次のセットを取れるように体力を温存させる考え方です。

一方、野球はバレーボールのような戦い方ができません。1回表の守備で5点取られたから、その裏の攻撃を捨てるチームはありません。座学には、できるだけ保護者にも入ってもらうようにしているのですが、こんな質問をしています。

「1回表、相手チームに4点を先制されてしまいました。その裏の攻撃で、1アウト三塁のチャンスをつくりました。バッターボックスに入ったバッターはスクイズをするべきですか？」

野球のルールを知っている保護者、野球経験のある保護者の大半は「スクイズではなく、バッターに打たせて2点以上を狙いにいくべき」と答えます。私の回答は「スクイズで1点を取りにいく」です。ここで、保護者も子どもたちも戸惑います。表情を見ると、頭の中にクエスチョンマークが浮かんでいるのが分かります。4点負けているのに、何で1点取って満足なのかと考えているわけです。

野球とバレーボールの競技性の違いを思い出してください。1回の表裏の攻防で負けても、野球はセットカウントを失うわけではありません。少年野球は6イニング制です。1点ずつ積み重ねていけば、1回表に4点取られていても最終的には逆転できます。つまり、4点取られてもあきらめる必要はなく、チャンスで確実に得点していけば試合に勝てます。説明を受ければ当たり前と感じる大前提を知っているかどうかで、野球の考え方やプレーの選択が変わってきます。

「1アウト三塁」をつくるためになにをすればいいか考えよう

もうひとつ、座学で必ず質問することがあります。

「イニングの先頭バッターで打席に入り、右中間を破る長打を打ちました。スリーベースにできるかどうかギリギリのタイミングです。三塁を狙いますか？」

野球に詳しい子どもや保護者ほど、「状況による」と答える傾向にあります。相手守備の肩の強さ、得点差、次のバッターの打力などによって判断が異なると考えます。しかし、この場合の答えは明確です。三塁を狙ってはいけません。基準は1つだけ。アウトカウントです。

多賀少年野球クラブでは、攻撃でも守備でも「1アウト三塁」をキーワードにしています。1アウト三塁をつくれば確実に1点が入り、相手に1アウト三塁をつくられれば1点失う覚悟をするという考え方です。バッターはヒットではなくても、犠牲フライ、スクイズ、エンドラン、内野ゴロと様々な方法でランナーを還せます。つまり、1アウト三塁をつくった時点で、1点取ったのと同じ意味を持ちます。

そこで攻撃の時に考えるべきは、どのようにして「ノーアウト二塁」をつくるかです。ノーアウト二塁にできれば、バントや進塁打で1アウト三塁にできるため、「ノーアウト二塁＝1得点」となります。私たちのチームは、ノーアウト一塁で盗塁に成功したら「よし、1点取った」と盛り上がります。他のチームの選手は「何を言っているんだ。まだ点数は入っていないのに」と不思議そうな顔をしていますけどね。

では、先ほどの問題に戻ります。イニングの先頭バッターが右中間へ長打を放ったわけですが、先頭バッターなのでノーアウトの場面です。三塁まで到達できれば当然、得点の確率は上がります。しかし、1点を取るにはノーアウト二塁で十分なわけです。次のバッターで1アウト三塁をつくり、その次のバッターでランナーを還せます。ランナー二塁でも三塁でも得点できるケースなので、無理をしてはいけません。アウトになるリスクがあるのに、ギリギリのタイミングで三塁を狙ってはいけないんです。走塁には必ず根拠が必要になります。

ところが、同じように右中間を破る長打が、1アウトからだったら話は全く変わります。バッターが三塁を狙わずに二塁で止まれば、1アウト二塁止まり。次のバッターがアウトと引き換えにランナーを三塁に進めても、その次のバッターが凡退すれば無得点に終わります。1アウトから右中間を抜く長打を打ったバッターは、タイミングがギリギリでも三塁を狙う走塁が正解になります。1アウト三塁をつくれば1点です。仮に三塁を狙ってアウトとなり、2アウトランナーなしになってもダメージはありません。二塁で止まって1アウト二塁にしかならないので、結果は同じ無得点です。

もちろん、1アウト二塁から次のバッターがヒットを打って点数が入る場合もあります。それは結果論であって、大事なのは1つ1つのプレーに判断基準や根拠を持つことです。プレーに根拠がないチームは、1アウト二塁で無得点に終わると雰囲気が暗くなります。1回表に4点取られて過度に落ち込んだり、冷静さを欠いたりするチームも同じです。

得点するためには1アウト三塁をつくるという明確な目標を定めると、選手は迷いなくプレーできます。1アウト三塁をつくった時点で1点取れると思っているので、自分はアウトになってもいいから三塁ランナーを還すだけと心にゆとりが生まれます。

誤解しないでほしいのが、うちの選手は相手チームに無頓着なわけではありません。選手たちはメモを取りながら公式戦で対戦するチームの試合を事前に見ています。中継プレーに弱点がある、右翼手の肩が弱いというようなデータを把握した上で試合に入っています。

ただ、こうした情報は、あくまでも根拠のある走塁を補う役割です。イニングの先頭バッターが長打を放った時、無理に三塁を狙わない原則は変わりません。データや情報を活用するのは、三塁を狙う時のタイミングがギリギリなのか、十分に間に合うのかを判断するような時です。右翼手の肩が弱いのでスリーベースにできると判断すれば、三塁を狙って構いません。

一方、守備で1アウト三塁をつくられた時は、1点を覚悟しています。「どうせ1点取られる」と良い意味で開き直っているので、三塁ランナーのアウトを狙う時は一か八かの思い切ったプレーができます。1アウト三塁にされた時点で1失点と計算しているため、ギャンブルプレーが上手くいかず1点取られてもダメージはありません。

私は野球で大事なのは「安心」と「あきらめ」だと考えています。多賀少年野球クラブには、1アウト三塁をつくれば1点取れる共通理解があります。1アウト三塁、またはノーアウト満塁のように1アウト三塁以上のチャンスで打席に立った選手は「絶対に点数が入る」と確信しています。その安心感があるので緊張せずに普段通りのプレーができます。

守備では1アウト三塁のピンチを招いたら、「1点取られる」と割り切っています。前向きにあきらめているので、エラーを恐れません。三塁ランナーをアウトにしたり、2アウト三塁にしたりすれば、チームは一気に盛り上がります。そして、今度は「絶対に点数を取られない」という安心感に変わります。

野球のルールは上手くできています。ノーアウトでランナーを一塁に出し、次以降のバッターがアウトと引き換えにランナーを1つずつ進めても、得点を奪えません。ノーアウト一塁からは、攻撃側が動かなければ得点できないわけです。

だからこそ、ノーアウト一塁の攻防は重要になります。攻撃側はノーアウト二塁をつくる。守備側は阻止する。第2章で説明しますが、私たちのチームではノーアウト一塁からの攻撃と守備の練習を重視しています。

昨年末、東京都の少年野球チームから出張指導の依頼を受けました。そのチームは公式戦の勝利から遠ざかっていて、監督から「何とか1勝を挙げるために力を貸してください」と熱意を伝えられました。ここ数年、指導者講習会、出張指導、野球教室などの依頼が増えていて、競技人口拡大のためにシーズンオフはできるだけ要望に応えるようにしています。

出張指導は初めて見るチームなので、選手のレベルを把握していません。普段どんな練習をしているのかも分かりません。指導時間は3時間と限られていたので、最初に紅白戦をやると選手たちに伝えました。より実戦的にするため、ランナー一塁、1ストライクから試合をスタートしました。先行チームの1番バッターを見た段階で、このチームが真っ先に取り組むべき課題が見えました。走塁への意識です。ノーアウト一塁の場面で、一塁ランナーに盗塁の意志がありません。バッターは一塁ランナーを二塁や三塁に進める方法を全く考えていません。バッテリーにも、二塁への進塁を阻止する工夫が見られませんでした。

私は紅白戦を止めて、ノーアウト一塁からの盗塁、投手の牽制とクイックの練習を始めました。そして、選手に伝えました。「動かないチームは一生負け続けるぞ」。次の塁を狙う思考を持つため、一塁ランナーには初球で盗塁するように指示しました。二塁でアウトになっても構いません。目的はスタートを切る意識付けです。

盗塁のスタートには大きく3つのタイミングがあることも説明しました。1つ目は、相手投手の足の動きを見てスタートするオーソドックスな方法。2つ目は、投手が足を上げる前にスタートを切る盗塁。投手が何回くらい牽制球を投げてくるのか、セットポジションで何秒くらい止まってから投球するのかという基本的なことから、牽制と投球の動きの違いやクセまで、投手を観察して牽制がこないと予測して早めにスタートします。3つ目は、投球を見てからスタートする、いわゆるディレードスチールです。この時のポイントは、一塁ランナーが捕手の捕球体勢を見て投球の高さとコースを判断するところにあります。投球が真ん中高めの時とワンバウンドになる時では、盗塁の成功率が大きく変わるためです。

2つ目と3つ目のスタートは教えても、すぐに習得できないかもしれません。しかも、公式戦での1勝に苦労し、走塁を意識した練習を普段していないチームなら、なおさらです。でも、手段として知っておくことに価値があります。今までは牽制が来たら一塁に戻ろうというくらいしか考えずにリードしていた選手が、投手の動きを観察したり、ワンバウンドしたら次の塁を狙ったりするのは大きな進歩だと思いませんか？　盗塁を含めた走塁の練習を一通りした後、紅白戦を再開しましたが、ランナーもバッテリーも短時間で見違えるほど成長していました。

走塁練習ではリードの仕方も指導しました。一塁から二塁へ盗塁するには、最短距離を走ることが最も成功率が高いと考えるのが一般的です。ただ、盗塁する時は、体の向きを90度転換して走らなければいけません。投手の方を向いている体を二塁ベースへ向けます。この動きがスムーズにできずスタートダッシュを切れないと、結果的にセーフになる確率が下がってしまいます。

一塁走者がリードするときは、中堅手がいる方向（一、二塁を結んだラインより30度ほど外野手側）へ向けてリードする。こうすることでスタート時に体の向きをスムーズに変えることができる

私は選手たちに、中堅手がいる向きへリードするように伝えました。一塁ベースと二塁ベースの最短距離を結んだ直線より30度ほど、外野手側へリードするイメージです（前ページ写真参照）。こうすると、体が二塁ベース側に向いて半身の形になるので、体の向きをスムーズに変えられます。また、牽制球が来て一塁へ帰塁する時、一塁手のタッチをかわしやすくなります。ノーアウト一塁から盗塁を決めてノーアウト二塁にすれば1アウト三塁をつくることができるので、1点が約束されます。勝利へ近づくためには、二塁に盗塁できるかどうかが非常に大事になります。

1アウト三塁をつくるためには いろいろな方法があることを頭に入れておく

さて、座学の話に戻ります。得点するには1アウト三塁をつくれるかどうかがポイントになるわけですが、ここで応用問題です。

「1アウト三塁の場面では許されても、ノーアウト三塁の時にはバッテリーがバッターに対して避けなければいけないことは何でしょうか？」

答えはフォアボールとデッドボールです。少年野球では、一、三塁になると、かなり高い確率で一塁ランナーの盗塁が成功します。守備側は一、三塁とされた時点で、二、三塁にピンチが広がる確率が高くなります。「1アウト三塁またはノーアウト二塁＝1点」という私たちの考え方では、1アウト二、三塁は1点止まりです。ところが、ノーアウト二、三塁は2点入ります。つまり、1アウト三塁とノーアウト三塁では、フォアボールやデッドボールでランナーを許す意味合いが全く違うのです。

そう考えると、バッテリーとしては1アウト三塁の時はスクイズを警戒してボールをウエストしたり、三振を狙って厳しいコースを続けたりする幅広い選択肢を持てます。結果的にフォアボールを与えても構わないからです。しかし、ノーアウト三塁の場面ではフォアボールが失点に直結するので、ストライク先行の投球が求められます。

もう1つ応用問題です。

「攻撃で1アウト満塁のチャンスをつくりました。バッターのカウントは3ボール、ノーストトライクです。得点を取るために有効なサインは？」

この場面ではエンドランのサインが効果的です。ピッチャーはストライクがほしいので、甘いボールが来る確率が高くなります。ランナーがスタートを切れば、シングルヒットでランナー2人が生還できます。投球がボールなら見送って押し出しとなります。もちろん、バッターが空振りして、三塁ランナーが三塁とホームに挟まれてアウトになる可能性はありますが、エンドランのサインを出したバッターは空振りとフライを避ける打ち方をしますし、それができる練習をチームでしています。

このように、状況に応じてどんなプレーを選択すれば良いのか、場面別に説明していくのが座学です。選手たちは座学で私の考え方を全て身に付けているので、私が試合中にサインを出したり、指示したりする必要がありません。

この座学は、小学校低学年や園児にもしています。当然ながら、最初は私の言っていることが全然理解できません。それで構わないんです。子どもたちには「ホワイトボードをボーっと見ておいて。そのうち、自然と分かるようになっているから」と話しています。座学は基本的に雨で練習ができない時に行い、同じ内容を同じ構成で繰り返し子どもたちに伝えます。そうすると、子どもたちから「覚えてる」、「それ分かる」といった声が上がります。私が「点数を取るにはノーアウト二塁が大事になるけど、どうやったらつくれる?」と質問すると、「先頭バッターがツーベースを打つ」、「フォアボールで一塁に出て盗塁する」とテンポ良く答えが返ってきます。「この場面でランナーは、どうやって動くんだった?」と聞けば、「二塁で止まる」と自信満々に子どもたちは回答します。

この時に大切なのが、保護者も一緒に参加してもらうことです。当たり前ですが、子どもは話を聞き漏らすケースがありますし、人生経験が少ないので言われた内容を活字で覚えようとする傾向があります。経験豊富な大人は聞いた話を映像化して覚えられます。保護者が座学の内容を把握すれば、自宅で子どもと一緒に復習できます。元々は野球のルールが分からなかったお母さんでも、何度か座学に参加すれば十分に理解できます。野球の戦略や戦術が家族共通の話題にもなりますし、親の積極性は子どもの成長と比例すると感じています。

座学を始めようと思った時、私には迷いがありました。少年野球は毎年、小学6年生が卒団し、新しい選手が入ってきます。座学の分量は少なくないので「毎年、一から教えるのは、しんどいだろうなあ」と想像していました。しかし、選手が頭を使ってプレーする楽しさを知り、自ら考える野球を体現するには、座学が不可欠だと分かっていたので覚悟を決めました。

選手たちは私の考え方を想像以上に吸収していきました。そして、思わぬ収穫もありました。練習の最中に、最上級生の6年生が5年生や4年生に「今は無理して三塁を狙う場面ではないよ」などと教えているんです。

今度は上級生に教わった子どもたちが、自分より下の学年に教えるようになります。こうした流れが自然とチームに浸透していきました。子どもは知っていることを教えたがる傾向にあります。お兄ちゃんになった気分になるのだと思います。子ども同士のコミュニケーションは、私が座学で直接伝えるよりも効果が高く、どんどん知識を深めていきました。小学1年生からチームに入った選手は、3年生の段階で大人と同じくらいの考え方ができるようになっています。

多賀少年野球クラブの子どもたちには考える習慣が身に付いているので、高校野球やプロ野球を見ていると「次は、こうやって動く」、「こんなプレーをしていたら勝てない」と評論家顔負けの意見を口にしています。ただ、最初からノーサインが上手く機能したわけではありません。座学を導入してから少しずつサインを減らして徐々にノーサインへ移行する方法も1つですが、私は座学の開始と同時に一切のサインを廃止しました。全てを教えてから、それぞれの精度を高めていくやり方です。練習でも試合でもミスは何度も起きるので、その都度、選手と話をしていきました。

今でこそ考える野球を全面に打ち出した指導をしていますが、選手時代の私は全く頭を使っていませんでした。正確に表現すると、野球には将棋のような戦略や戦術が重要と感じていたものの、考えさせてもらえるチームではありませんでした。当時、毎日厳しい練習をしていた理由は、監督からサインが出された時に100％成功させるためです。攻撃も守備も、ひたすら受け身。与えられたことをこなすだけでした。守備でも相手にプレッシャーをかける多賀少年野球クラブの「攻める守備」とは対照的です。

守備では、できるだけ先の塁のランナーをアウトにしようと意識するくらいでした。同じランナー一、二塁でも、ノーアウトと1アウトでは本来、選択するプレーが変わってきますが、当時は頭の中に戦術はなかったです。とにかく、三塁でアウトを取ることしか考えていませんでした。練習ではアウトを取るための技術をひたすら磨いていました。

私は足の速い選手だったので、イニングの先頭バッターで左中間を抜ける打球を放った時も三塁を狙っていました。相手チームの送球が自分の背中に当たっても構わないので、何としても三塁でセーフになろうという考えです。三塁を狙わない走塁をして、監督に怒られるのを避けるためでした。今、選手をしていたら、ノーアウトからギリギリのタイミングで三塁を狙う走塁は絶対にしません。

ノーアウトや1アウトで三塁ランナーだった時も、ワイルドピッチでホームに突っ込んでいました。監督から「何でホームにいかないんだ」と怒鳴られるのが嫌だったので、五分五分のタイミングでも走ります。状況を全く考えず、とにかく次の塁を目指す根拠のない走塁でしたね。

1アウト三塁をつくる戦略を立てたのは、ノーサインを始めるずっと前です。多賀少年野球クラブを発足して4、5年後くらいでした。チームをつくった当初は、打撃はヒットの確率を上げられるように練習し、守備は確実にアウトを取る練習の繰り返しでした。盗塁はアウトカウントやボールカウントに関係なく、相手バッテリーを見て「いけたらいけ」と選手に伝えるくらい。サインは出していましたが、「難しそうなら走らなくていい」と事前に話していました。

当時は部員が15人ほどでした。突出した能力の選手が集まってくるわけでもないので、ただ投げる、打つ、走るだけの野球をしていては、滋賀県大会で優勝できないと感じていました。そこで、たどり着いたのが「1アウト三塁＝1点」の考え方で、1アウト三塁とするために、いかにしてノーアウト二塁をつくるか、さらにノーアウト二塁を相手につくらせないかに重点を置いて練習しました。

今と違って、選手たちには理屈や根拠を説明しません。「先頭バッターで長打を放っても無理に三塁を狙わない」、「ノーアウト一塁の場面では積極的に二塁を狙う」というようにルールだけを伝えます。そして、私のサインを確実に実行できるように、バントやエンドランの技術を練習で磨いていきました。その結果、チーム結成7年目に滋賀県大会で優勝を果たしました。

私は元々、物事を深く考えるのが好きなタイプではありませんでした。最近ぼんやりと小学生の頃の出来事を思い出しました。ある日、小学校の先生に対して感情的に意見を言ったら、先生から「辻くんは、そこまで考えて発言しているんだね」と理論付けて解説されました。はっきりと発言の内容は覚えていないのですが、その時に「そんなこと全然考えていない。いい風に解釈する面倒臭い先生だな。こんな面倒臭い考え方をする大人にはならない」と思ったことは明確に記憶に残っています。

ところが今、あの面倒臭い先生以上に、色々と考える人間になっています（笑）。野球に限らず、日常生活でも物事を深く考える習慣が付いています。これは間違いなく、少年野球の指導を始めたからです。

私は「ノーサイン＝脳サイン野球」で頭を鍛えて、子どもたちに考える習慣を付けてほしいと思っています。目的や根拠を持った上で練習しなければ、試合に生きる技術は身に付きません。どんなにパワーのあるバッターも全ての打席でホームランは打てませんし、剛速球を投げる投手も全てのバッターを三振に斬ることはできません。戦略や戦術を理解している選手が試合で結果を残せる選手であり、中学生以降のステージでも活躍する可能性を広げられます。

実際、多賀少年野球クラブ出身の選手は、中学や高校の指導者から「野球をよく知っている」と言われます。試合に必要な技術を理解しているため、練習も狙いを持って取り組んでいると評価されます。チームのＯＢでは東北楽天ゴールデンイーグルスの則本昂大投手が有名ですが、他にも甲子園に出場した選手が25人います。

卒団した選手の大半は中学でも野球を続けています。ただ、中には別のスポーツに転向する選手もいます。野球以外の競技でも、脳サインの経験は生きるそうです。一手、二手先を読むプレーが重要になるのは、どんなスポーツでも共通しているからです。数年前に卒団して別の競技をしている選手の１人は「小学生の時に多賀（少年野球クラブ）で考える習慣が身に付いているから、中学で別のスポーツになっても楽勝」と話しています。

脳サイン野球のスタートは、相手チームにサインを見破られないようにする対策でした。ところが、脳サイン野球を始めてから、選手の考える力や自主性がどんどん伸びています。今は、その〝副産物〟に重点を置いて指導しています。なぜなら、少年野球に求められる役割は時代とともに変化しているからです。

世の中が変わっていくのであれば少年野球も変わらなければいけない

私たちが子どもの頃、男の子の選択肢は野球以外ほとんどありませんでした。公園や空き地で仲間と集まって野球をして遊び、小学校高学年になると野球チームに入るのが自然でした。当時は両親が共働きで、父親は土日も仕事をする家庭が一般的でした。兄弟も多いため、親が1人1人の子どもにかけられる時間が少なく、家庭で挨拶や礼儀を教える余裕もありません。親が仕事をする時間や土日にたまった家事を済ませる時間、さらには幼い子どもの面倒を見る時間を捻出するため、小学生の子どもを預ける場所が少年野球チームでした。すごく野球が好きだからチームに入るというより、親の都合でチームに入ってから野球が好きになるケースの方が多かったと思います。

親は監督やコーチに「うちの子が言うことを聞かなかったら、遠慮なくしばいてください」と言っていました。少年野球チームは、子どものしつけの場として需要があったわけです。その名残が平成、さらには令和になっても消えず、野球の技術指導よりも礼儀を重視するチームがあります。いまだに怒声罵声、暴力による指導が残っているのは、こうした成り立ちや背景があるからです。

指導者の徹底管理のもとで育った選手は、指示に対して従順に動く人間になります。昭和の時代は、決して悪いことではありませんでした。高度経済成長期やバブル期は、指示されたことを真面目にこなし、体力と精神力に長けた人材が社会で求められていました。野球チームは人材育成に大きく貢献していたのです。

しかし、時代がＩＴ、ＡＩに変化していく中、社会で活躍する人材は変わってきています。企業が必要としているのは、単純作業を根気強く続けられる人や指示通りに動く人ではなく、自ら判断して行動する人です。少年野球もサインで選手を動かす時代から脱却しなければいけません。単純作業は人間から機械に代わり、従順な子どもの育成は社会で求められていません。

この傾向は今後、さらに強くなっていくと予想しています。私は1日8時間働けば決まった給料がもらえる現在の仕組みが、日本でも能力に応じた年俸制に変わっていくと予想しています。これからは8時間働いた結果、どれだけの成果を上げたのかが給料に反映される時代が一般的になると確信しています。その時、子どもの頃に少年野球を通じて考える力や自主性を身に付けた人が活躍していれば、野球離れに歯止めをかけられるのではないでしょうか。

私が選手にサインを出すことをやめてから10年以上が経ちました。中には、どうやったら選手がノーサインでプレーできるのか、普段どんな指導や練習をしているのか話を聞きに来たり、グラウンドへ視察に来たりする監督やコーチがいます。北は北海道、南は九州・沖縄まで全国から指導者が訪れ、最近はバレーボールやゴルフといった競技の異なる指導者も増えています。さらに、スポーツとは関係ない会社経営者も練習の視察に来ています。

多賀少年野球クラブを参考にして、実際にサインをやめたチームもあります。ただ、ノーサインのチームは思ったほど増えていません。その理由は、「監督がサインを出して選手を動かす方法がベスト」と疑っていない指導者が多いからだと思います。

時代が変わり、野球の理論や技術は変化しています。「ゴロは体の正面で捕る」、「バッティングは打球を叩きつけてゴロを打つ」といった昭和の常識は、令和の非常識になっています。野球が進化すれば、常識や正解も変わっていきます。少年野球も社会の変化に対応する必要があります。よく考えてみてください。試合中、1つ1つのプレーに細かく監督が選手に指示を出すスポーツは野球だけです。サッカーもラグビーもバスケットボールも、選手同士でサインを出したり、アイコンタクトを取ったりしています。選手には、その場に応じた判断や決断が求められているわけです。

それから、選手たちに任せるノーサインを始めてから、リスクについて度々、質問されます。多賀少年野球クラブは、私がサインを出していた頃も毎年のように全国大会に出場していました。先に話したように、ノーサインへの方針転換を決めたきっかけとなった2011年のマクドナルド・トーナメントも3位でした。そのままでも十分強いのに、ノーサインに変えて失敗するリスクを考えないのかという質問です。

もし、何年も続けて日本一を達成していたらサインで選手を動かし続けていたかもしれません。でも、全国3位で終わっている時点で、もっと良くなる方法があるということです。全国優勝を目標にしているのに3位で終わっている結果は、成功ではなく失敗と捉えています。もう失敗しているのでリスクはないんです。野球に限らず、リスクという言葉を使って、行動を起こしていない人が世の中には多いように感じています。

脳サイン野球の挑戦に加えて、チームにとって大きな改革となったのが２０１７年の出来事です。この年もマクドナルド・トーナメントに出場して全国の舞台には立ちましたが、初戦で敗退しました。その時、保護者にアンケートを実施しました。保護者の本音を知るためにアンケートは無記名にしましたが、私には「保護者には満足してもらえている」と自信がありました。脳サイン野球が浸透し、全国の舞台に立ち続けているので、心のどこかで保護者からねぎらいや感謝の言葉を期待していたのだと思います。ところが、アンケートの中にグサッと心に深く突き刺さった言葉がありました。

「世界一楽しくと言っていますが、練習から楽しくできないんですか？」

当時、「世界一楽しく！」を掲げていたものの、練習では熱が入り過ぎて怒鳴ってしまうこともありました。自分でも反省を繰り返していました。毎週月曜日になると、前日の練習で子どもたちに言い過ぎてしまったと自己嫌悪に陥っていました。私たちが目指す楽しさは、ヘラヘラ笑ったり、はしゃいだりする種類の楽しさではありません。野球の上達で得られる楽しさ、野球を考える楽しさです。その意識が強過ぎて、練習では厳しさが楽しさを上回る指導をしていました。ただ、いくら子どもたちを上手くするためといっても大きな声を出して指導すれば、圧力になってしまいます。その部分を保護者に指摘されました。

その他にも、アンケートには「感情で指導しないでください」といった内容もありました。全体で見れば、批判的な意見が占めた割合は高くありませんでした。しかし、保護者からの不満は1つもないと思っていたので、ものすごくショックでした。チームを強くしても信頼関係を築けるものではないと痛感し、保護者の声に対して「本当に、その通りだな」と自分の指導を見直そうと決意しました。

アンケート結果を受けて、私は保護者に3つの約束をしました。「選手にストレスを与えず元気にします」、「保護者を笑顔にします」、「指導者も元気にならせてもらいます」。怒声罵声を全面的に禁止しました。まずは、選手にストレスを感じさせず元気に練習してもらうため、私は自宅で喜ぶ練習や盛り上げる練習をしました。選手の良いプレーはもちろん、小さな努力や成長も見逃さないようにして、「天才！」、「上手くなってる！」と拍手をしながら大げさに褒めるようにしました。

すると、子どもたちの表情や野球に取り組む姿勢が変わってきました。怒られたくないという消極的な考え方から、褒められたい、上手くなりたいと積極的な姿勢へ変化していきます。保護者への1つ目の約束は果たせました。次は2つ目の約束、保護者を笑顔にしようと思った時でした。楽しそうに練習する子どもたちの姿を見ている保護者は、すでに笑顔になっていました。そして、親子の表情を見たコーチ陣も元気になっていました。子どもたちにストレスを与えない指導を心掛けただけで、自然と大人たちにも変化が生まれ、3つの約束を果たせていました。

試合に負けるのは嫌なので、保護者の要望に応えて試合にも勝つチームづくり、楽しく勝つスタイルを追求しました。練習から野球を楽しむ指導に変えて約1年後、2018年夏のマクドナルド・トーナメントで多賀少年野球クラブは初めて頂点に立ちました。さらに、次の年も優勝して連覇を成し遂げました。「子どもたちにストレスをかけずに勝つ」、「練習時間を短くしても勝つ」といろいろな条件をクリアする方法を考えるのは、自分の限界を超える修行と捉えています。そして、様々な困難を乗り越えてきた自信が、課題に直面しても動じない今の自分につながっていると感じています。

2018年の全日本学童軟式野球マクドナルド・トーナメント決勝。多賀少年野球クラブが11対4で沖縄・根差部ベースナインを下す。創部30年目にして初の日本一に輝いた

（写真：スポーツニッポン新聞社）

野球界には怒声罵声が根強く残っています。しかし、怒っても問題は解決しません。例えば社会人になって、先輩や上司から大きな声で怒鳴られたら、仕事がはかどるようになるでしょうか？　決してはかどらない、逆効果と考えるのであれば、子どもに対して大きい声を出すのは止めるべきです。子どもも大人も同じです。

指導者が選手を怒鳴ったり、暴言を吐いたりする野球のイメージが、競技人口減少の要因の1つに挙げられることもあります。こうした指導をやめられない理由には、指導者の成功体験があると感じています。指導した選手の100人に1人か2人くらいの割合かもしれませんが、厳しく指導して上手くなった選手がいる可能性があります。その成功体験を忘れられないわけです。全ての教え子の育成に失敗したと自覚があれば、指導法を変えるか、指導者を辞めるはずです。もしくは、怒声罵声の環境で育った自分自身を成功例と捉えているのかもしれません。

叱ると怒るは違うと言う人がいますが、受け取る側にとっては一緒です。私たちのチームでは、雰囲気を盛り上げて子どもたちに気分良く練習してもらいたい時だけ、指導者が声を張り上げています。

そうは言っても、指導の仕方を大きく変えるのは簡単ではありません。私も感情のままに言葉を発してしまったり、怒鳴ったりしてしまう指導を長年続けていました。いきなりやめようとしても、最初のうちはイライラする時もあります。そこで大切なのは、言葉を口にする前に一度頭の中で、どんなトーンで伝えるのか、どんな言葉が子どもたちに響くのかを考える習慣です。わずか数秒の間を取るだけでも冷静になれます。

それから、グラウンド以外でも、どんな接し方をしたら相手が喜ぶのかを考えます。例えば飲食店に入ったら、スタッフが気分良く接客できように、こちらから声をかけます。少年野球の監督をしている時だけ、違う人格になろうとしても上手くいきません。普段の生活から変えていくことで、グラウンドでも選手にストレスを与えない指導ができるようになります。

子どもたちを楽しませて盛り上げるスタイルは、決して無理をして演じているわけではありません。昔から人を笑わせたり、楽しませたりするのが大好きだった本当の姿です。私の反省点は、他の指導者や保護者に「舐められたくない」という気持ちが強過ぎたところです。20歳で少年野球チームの監督となり、年配の指導者や年上の保護者に下に見られたくない思いから、「監督はチームで絶対の存在」と見せつけようと子どもたちに厳しく接していました。そんな態度で指導していたら、チームが強くても部員が増えないのは当たり前ですよね。

実は、怒声罵声をやめる〝脱スポ根〟を打ち出してから、すぐにチームの雰囲気が変わったわけではありませんでした。きっかけは、夢でした。ある土曜日の朝、現実のようにはっきりとした映像が頭の中に残ったまま目覚めました。その夢は、私が試合中に選手を盛り上げている内容でした。いいプレーが出た時だけではなく、フルスイングした選手や一塁まで全力疾走した選手、前向きなプレーをした選手を褒めてベンチが沸いている夢です。

目が覚めた私は「今、夢で見たことを早くチームで試したい」と、はやる気持ちを抑えながらグラウンドに行きました。その日は、4年生のチームも、5、6年生のチームも公式戦でした。5、6年生のチームは午前と午後のダブルヘッダーで、午前の相手は危なげなく勝てると踏んでいたのでコーチに任せ、私は4年生のチームでベンチに入りました。

4年生のチームが参加していたのは、5年生の選手も出場できる大会でした。この日は決勝戦で、相手チームは5年生の選手ばかりでした。私は夢で見た盛り上げ方を試すため、選手たちに「いいか、きょうは空振りでもフルスイングした選手には拍手、一塁まで全力疾走した選手にも拍手しよう。ヒットを打った選手には、それ以上に拍手して盛り上がろう」と声をかけました。

ベンチは、これまでにないくらい沸きました。選手たちは楽しそうにプレーして勢いに乗りました。結局、1学年上の強豪チームにコールド勝ち。私は「やっぱり、このやり方だ。夢の通りだ」と確信しました。

試合を終えて、5、6年生チームを指揮するコーチに電話しました。試合結果を聞くと、「全然駄目です。1点差で何とか勝ちましたが、負けてもおかしくない内容でした」と沈んだ声が返ってきました。私は「大丈夫。これから、そっちに行くから午後の試合は任せておけ」とコーチにウキウキした声で話しました。5、6年生チームの試合会場に移動して、午後からの試合は4年生チームと同じようにベンチを盛り上げようと決めていました。

チームメートの全力プレーを称える方法は、5、6年生チームでも上手く機能しました。午前中の苦戦が嘘のように、全く別のチームに生まれ変わりました。相手は難敵でしたが、見事に勝利。この時のチームは選手個々の能力は、そこまで高くはありませんでしたが、マクドナルド・トーナメントで優勝しています。

この夢が転機となり、チームの空気や選手の表情は変わりました。〝スポ根〟からの脱却です。チームの入団希望者が大幅に増え始めたのも、この時期からでした。普段の練習中は、1つ1つの課題をクリアすることに力を注ぎます。グラウンドでは、ゆっくりと考える余裕はありません。寝ている時間に、じっくり考えているのだと思います。なので、夢の内容が指導のヒントにあることは珍しくありません。いい夢を見た時はテンションが上がり、早くグラウンドに行きたくてたまらなくなります。

「1アウト三塁」をつくるために逆算して考える

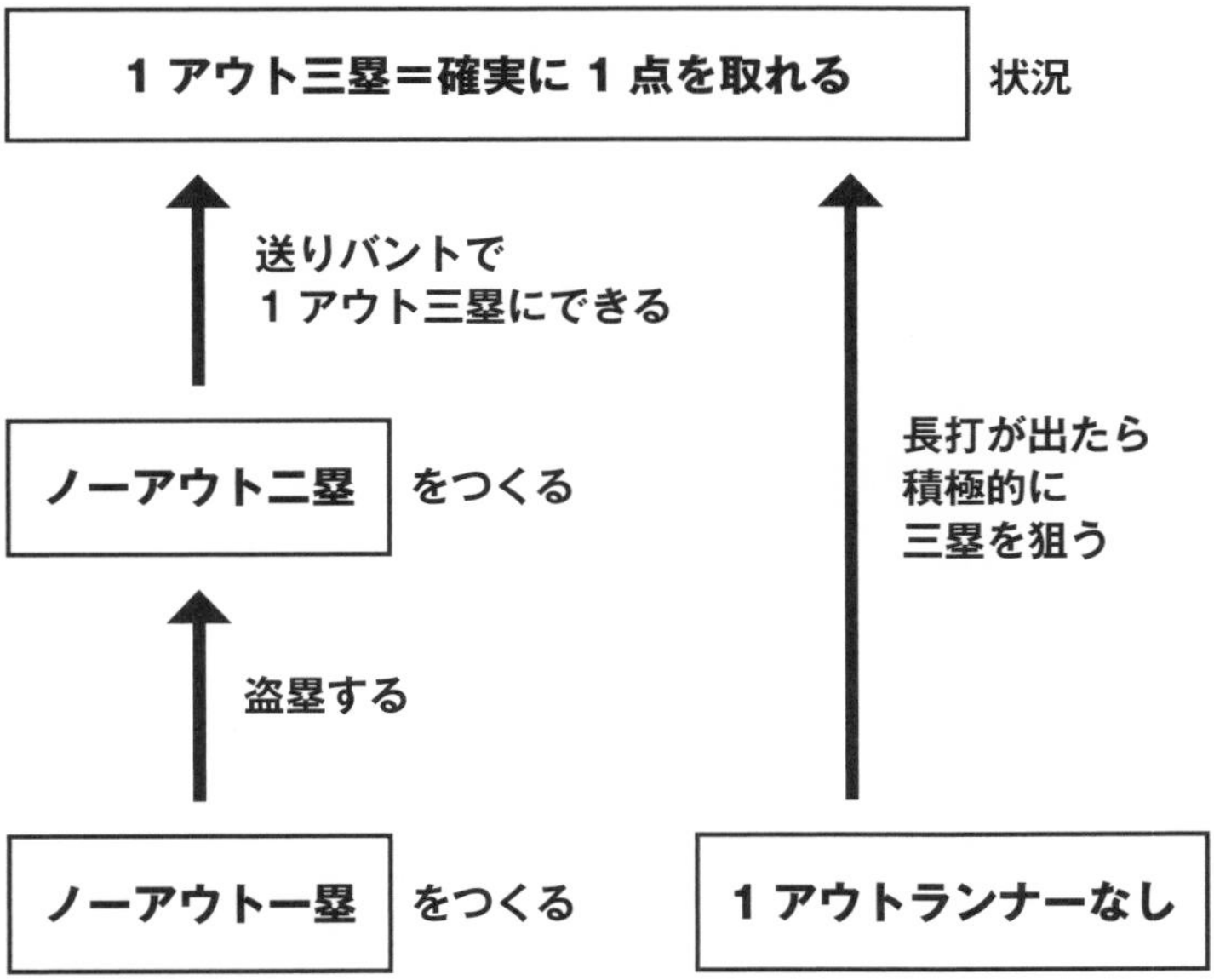

1アウト三塁であればヒット、スクイズ、犠牲フライ、内野ゴロ、相手のエラーなど様々な方法で得点を奪うことができる。「1アウト三塁」をつくるためには、逆算して「ノーアウト二塁」をつくる必要がある。目標を「1アウト三塁」に設定することで、アウトカウントなどの状況でどんなプレーをすればいいか自分で考えられるようになる

第2章

練習の組み立て方と進め方

まずは頭で野球の動きを覚える 小学校3年生で頭の中は6年生レベルに

第1章で、多賀少年野球クラブの肝となる脳サイン野球について説明しました。園児も小学校の低学年も座学に参加して、私の頭の中にある戦術や戦略を理解してもらいます。小学5、6年生になったら、私の指示を仰ぐことは一切ありません。「この場面では、どうやって動くか分かっているな?」と聞けば、瞬時に正解が返ってきます。選手たち同士でサインを出したり、アイコンタクトを取ったりして試合を進めていきます。

自分たちで考えて動く脳サインの完成形は小学5、6年生になりますが、私が1つのゴールに定めている大会があります。毎年春休みに開催される小学3年生以下を対象にした「多賀グリーンカップ」です。小学3年生の3月時点、新4年生になるタイミングまでに、脳サイン野球に必要な知識を一通り教え切ります。ただ、小学3年生は頭で理解していても体で表現する技術がありません。そこを小学4年生から練習していきます。

物事を教える時、大きく分けて2つの方法があります。1つは、「ここまでクリアしたら、次はこれをやろう」というように、細かく段階を踏んでいく方法。全てを教えても理解できないと判断して、理解度に合わせて進んでいくやり方です。もう1つは、全ては理解していなくても、どんどん進んでいく方法。私の場合は、2つ目のやり方を使います。上手く打てない、送球できないという課題があっても、できるようになるまで待ちません。頭で野球の動きを覚えたら、体が覚えるのを待たずに次へ進みます。

できていないのに先へ行って大丈夫なのかと不安に感じる人もいると思いますが、段階を踏んで順番に教えていくと、まだ伝えていない動きやプレーが試合で出てきます。全てを教えておけば、その時は上手く体を動かせなくても、頭では理解できます。そうやって経験を積んでいった方が、野球の楽しみを感じられます。まだ体格が小さく、経験も少ない小学3年生は体が反応できていないだけなので、練習を重ねていけば頭に描いたプレーを体で表現できるようになります。この時期は、とにかく知識を詰め込んで引き出しを増やしていくことが大切です。小学3年生が終わる段階で、頭の中は小学6年生と同じレベルまで持って行くのが育成の目安です。

小学2年生や3年生からチームに入った選手は、園児や小学1年生からプレーしている選手ほど、私が言っていることは理解できません。それでも、全員に同じ内容を教えます。理解度に合わせてグループを分けたり、理解度の低い子どもに合わせたりすると、前に進みません。多賀少年野球クラブでは、戦略や戦術を分かっている選手が分からないチームメートに教える文化があるので、野球脳を鍛えるスピードを落とさずにどんどん進んでいきます。

小学4年生は実戦的な練習や練習試合を重ねて、判断のスピードと精度を上げていきます。状況に応じて、どの引き出しを開けるのかを考えながらプレーします。もうサインを出さなくても、私の狙いを十分に理解できています。基本的な守備力や打力も上がっているので、座学で学んだことを体現できるようになってきます。

そして、5、6年生になった時には、判断のスピードも正確さも身に付いています。練習はポイントを伝えるだけで、私が付き切りで指導することはありません。普段の練習はコーチが見ています。試合中も、私から選手にサインを出すことはありません。次の動きや次の次の動きが頭に入っているため、余裕を持ってプレーしています。唯一、選手に声をかけるのは、仕掛けるのをやめる場面だけです。相手チームの意図やバッテリーの心理なども読みながら、全てを選手たちだけで考える「脳サイン野球」の完成形となるわけです。

実戦的な練習としては、試合の場面を想定したメニューでプレーの精度を上げたり、プレーのバリエーションを増やしたりしています。レギュラーチームを守備、控えチームを攻撃に分けて、「1アウト三塁の攻守」→「ノーアウト二塁の攻守」→「ノーアウト一塁の攻守」という順番で練習します。攻撃側は1アウト三塁から確実に得点し、ノーアウト二塁からは1アウト三塁、ノーアウト一塁からはノーアウト二塁をつくれるように作戦を立てます。守備側は、それを阻止する方法を考えます。チームが重視する1アウト三塁の場面をつくる過程をさかのぼっていくわけです。

1アウト三塁やノーアウト二塁の場面では、守備は1失点を覚悟しています。そのため、超攻撃的な守備でランナーをアウトにする戦術も可能です。遊撃手が投手の真横まで前進して送りバントを阻止したり、投手がボークを取られるスレスレの牽制をしたり、選手同士で選択肢を増やしていきます。そこで、もうひと工夫できると私やコーチが感じると、選手たちにヒントを出すケースもあります。

特定の場面、例えばノーアウト二塁からの攻守をひたすら繰り返す練習をする時もありま

ランナー一塁での実戦練習

「ノーアウト二塁＝1点」の考え方があるため、ノーアウト一塁では、攻撃側は守備の動きを見ながらアウトを取られずにランナーを二塁に進める戦術を選択する。守備側はランナーを二塁に進ませない、またはアウトを取る方法を考える。攻守ともに実戦練習でバリエーションを増やす。

ランナー二塁での実戦練習

ノーアウト二塁では、攻撃側はバント、進塁打、エンドランなどでランナーを確実に三塁へ進める攻撃を試みる。一方、守備側は「どうせ1失点」の場面なので、極端な守備位置を敷いたり、トリックプレーをしたりして二塁ランナーをアウトにする超攻撃的なプレーを練習する。

ランナー一・三塁での実戦練習

アウトカウントによって攻撃側も守備側も選択するプレーが変わる。ノーアウトであれば守備側は一塁ランナーの盗塁を阻止しなければならない。ノーアウト二、三塁にされると2失点する計算になる。しかし、1アウトであれば二、三塁にされても1失点なので二盗を過度に注意する必要はない。

す。守備側は送りバントを阻止する方法を考えます。投手か一塁手がバントを処理すれば、二塁ランナーを三塁でアウトにする確率を一気に上げられます。そこで、バッテリーは、どんな投球を選択すれば良いかを考えます。この場面では一塁手が猛チャージをかけて、二塁手は一塁ベースに入る動きが基本です。ただ、ヒッティングに切り替える作戦も想定して二塁手は定位置に残り、右翼手が一塁ベースに入る方法を試すなど、守備の引き出しを増やしていくわけです。

打者をフォアボールで歩かせて、あえて一、二塁にする選択肢もあります。塁が詰まれば、三塁はランナーにタッチがいらないフォースアウトのプレーになるので、送りバントを阻止できる可能性が高くなります。守備はバントをされたらボールが転がる場所や強さによって、間に合ったら三塁に投げようというようにアバウトな考え方をせず、細かいところまで想定して練習しなければ意味がありません。座学のところで説明しましたが、ノーアウト二塁は守備側からすれば1点取られるのが当たり前の状況です。その1点を阻止するには勝負に行くプレーが求められるわけです。

対する攻撃側は相手の配球や守備の動きを読んで、ランナーを進める方法を選びます。バント、バスター、エンドランと様々な選択肢があり、バント1つとっても転がす方向や強さで色んなパターンがあります。打者は1アウト三塁にするのが役割ですが、作戦次第ではノーアウト一、三塁にチャンスを拡大できます。そうすれば、一塁ランナーが盗塁を決めてノーアウト二、三塁として、〝2点確定〟となるわけです。

ノーアウト一塁の場面も重点を置いて練習します。ここからノーアウト二塁にできるかどうかは、点数が入るかどうかの大きな分かれ道です。攻撃側は盗塁、牽制悪送球、バッテリーミスなどで二塁を狙います。守備側は何としても二塁への進塁を阻止します。多賀少年野球クラブでは、小学4年生から盗塁阻止率5割を意識しています。投手は牽制とクイックを徹底的に練習し、捕手はフットワークと送球を磨きます。投手の一塁牽制は、動き出してから一塁手が捕るまで1秒以内を目安にしています。捕手の二塁送球は、投球を捕ってから二塁手が捕球するまで2・2秒を切れば合格点です。コーチがストップウォッチでタイムを計って選手に伝え、どの動きを改善すればタイムが上がるのかアドバイスしています。

ランナーを置いて試合を想定した練習を取り入れているチームは多いと思います。ただ、実戦形式にしたことで満足して、練習内容を大雑把にしてしまいがちです。これでは効果が半減してしまいます。私たちのチームは試合が近い時期、徹底的にピンチの場面を想定した練習をしています。想定外をなくすと同時に、プレーのバリエーションが増えていきます。選手たちは新しい作戦を試す楽しさがありますし、自分たちで考え出したやり方は忘れません。

想定外をなくす上で、もう1つ大事な時間が練習試合です。多賀少年野球クラブでは練習試合を総合練習と呼んでいます。勝敗にこだわるのではなく、準備できていない動きや課題を見つける狙いがあります。チームのホームページを見ていただくと驚くかもしれませんが、私たちは年間200試合以上をこなしています。これは広い専用グラウンドを持っている恵まれた環境があるからこそ、できることです。対戦相手は常時、募集しています。

私が練習試合で期待するのは「ややこしいプレー」です。選手が瞬時に判断できないシーンが起きた時、「よしっ、練習試合を組んでよかった」と心の中でガッツポーズします。多賀少年野球クラブの選手たちはノーサインで動けるわけですから、あらゆる場面を想定して、1つ2つ先の動きを考えています。それでも、想定外が起きたり、想定したように動けなかったりするのが試合です。課題が見つかると、試合後すぐに練習します。時には、試合中のファウルグラウンドで復習するケースもあります。人間は一晩経つと多くのことを忘れてしまいます。

その場で課題を解決して想定外を潰し、想定内にしていくのが練習試合の目的です。こうやって、脳サイン野球の質を高めていきます。

選手や保護者と共有する年間スケジュールは、出場する大きな大会くらいです。第3章で詳しくお話ししますが、多賀少年野球クラブは出場する大会を絞っています。6年生を中心にしたトップチームは、毎年8月に開催されるマクドナルド・トーナメントでの優勝が最大の目標なので、そこまでを逆算して、いつまでに何を強化するのか私の頭の中でだけ組み立てています。毎年決まった目安をつくるのではなく、新チームがスタートする11月に地元・多賀町で開催される大会でチームの現状を見て、冬に何を強化していくか見定めています。春になったら県外の強豪チームと積極的に練習試合を組んで、実戦感覚を養っていきます。

昨年のチームは秋にスタートした段階で、十分な投手力と守備力がありました。打力が選手全体に不足していたので、冬から春にかけて相当打ち込みました。4月末に行われたマクドナルド・トーナメントの予選では、打球の飛距離が見違えるようになっていて驚きました。

今年のチームは秋の時点で打力に強さがあり、どんな相手でも5、6点は取れる力がありました。一方、ある程度、点数が取れる自信があるのか、投手の牽制や細かな守備の動きが課題でした。冬場の練習は牽制やクイック、僅差で競り勝つ守備の強化に重点を置きました。

座学と両輪基本的な技術の習得

脳サイン野球を体現する上で、座学と両輪になるのが基本的な技術の習得です。どんなに戦略や戦術を理解していても、体で表現できなければ意味がありません。そこで大切になるのが、園児や小学校低学年のような未経験者や初心者の指導です。

多賀少年野球クラブでは2年ほど前から幼児野球に力を入れています。これまでは小学1年生から部員を募集していましたが、今は年少の園児からチームに加わっています。今年度のスタート時点で小学1年生の部員が例年より多い18人もいたのは、園児からチームに入っていた子どもが多かったためです。

野球は投げる、打つ、走ると様々な動きがあることに加えて、グラブやバットといった道具を操作する能力が求められるところが競技の特徴です。園児や小学校低学年には、捕ることと投げることを平行して教えています。ただし、それぞれを分けて練習します。いきなりキャッチボールはさせません。一番大事なのは恐怖心を抱かせないことです。野球を始める時にキャッチボールをするチームは少なくないかもしれませんが、未経験者にとってグラブでボールを捕るのはとても難しい動きです。ボールが顔や体に当たれば、「野球は怖い」、「野球はつまらない」と感じて、二度とグラブをつけてもらえなくなる可能性があります。怖さがあると、技術の習得にも時間がかかってしまいます。

捕る練習をする時には、ゴロの捕球から入ります。スタートはコロコロと転がしたボールを捕る練習から。子どもたちの体の正面に手でボールを転がします。次にバウンドに合わせて捕る練習。ボールが体に当たっても痛くない強さで投げたり、柔らかいボールを使ったりします。慣れてきたら、体の横にボールを転がしたりバウンドさせたりして、グラブの操作や動きながらの捕球を覚えていきます。フォアハンド（グラブを持っている方向）だけではなく、バックハンド（グラブを持っていない方向）でもゴロを捕れるようにします。（次ページ参照）

私が選手だった頃は、ゴロは体の正面で捕ることを最優先して、バックハンドに特化した練

ゴロ捕球の練習

最初は選手の体の正面に手でゆっくりとゴロを転がす上からボールを掴むのではなく、グラブを下から出す動きがポイント。ゴロのスピードを上げたり、バウンドさせたりしてバリエーションを加えていくと、選手は恐怖心なく遊び感覚で自然と上手くなるという。慣れてきたら走りながらゴロを捕球して、送球まで一連の流れで練習。

大切になるのはグラブを付けた方の手首の動き。辻監督は手前に返すようにして捕るようにアドバイスする。重みがあってグラブに打球が収まる硬式ボールと違い、軟式ボールは軽いため手首を使って自分から捕りにいく。打球をグラブで包み込むイメージ。大事な動きを選手に意識させるため、辻監督は「手首、手首」と大きな声で繰り返しながらゴロを転がす。

習はしていませんでした。ただ、グラブの面が上を向いているフォアハンドは上から落ちてくる打球や緩い打球は捕りやすいのですが、強い打球の捕球には不向きです。それに対して、バックハンドは強い打球、速い打球を捕球しやすい特徴があります。学年を重ねながら最もアウトを取る確率が高い捕球方法を選択できるように、初心者のうちからフォアハンドもバックハンドも練習しておきます。

ゴロが捕れるようになったら、フライとライナーに進みます。ここで気を付けるのは、最初から顔の前や体の正面でボールを捕らせないことです。子どもたちには体の横でグラブを構えさせ、指導者がグラブのあるところへ下からボールを投げます。子どもたちがグラブの位置を動かさなくても捕球できるように、大人がコントロールします。よく初心者の指導で「捕球は体の正面」、「ボールから逃げないように」という声を聞きます。顔や体の近くで捕りにいった方がボールとの距離感をつかみやすいので、捕球できる確率は高いです。ただ、私は野球を始めたばかりの子どもたちに逃げながら捕るように伝えます。子どもたちはボールへの恐怖心がなくなり、「逃げてもいいんだ」と心にゆとりも生まれます。怖さがなければ、自然と少しずつ体の近くでボールを捕るようになります。

フライやライナーよりもゴロを先に練習するのは、ゴロはボールの勢いでグラブの中に入るためです。フライやライナーはボールをつかまないとグラブから落ちてしまいます。グラブを閉じるタイミングが早くても遅くても捕球できません。

フライやライナーの捕球では、グラブを上向きに使えるようになったら合格です。下向きでスタートして上向きがゴールになります。ゴロ捕球と同じように、フォアハンドとバックハンドの捕球法がありますが、バックハンドから先に練習します。バックハンドでボールを捕ろうとすると、自然にグラブが体の前で動きますし、視界に入る位置でグラブを操作できるので、握るタイミングさえ合わせられれば捕球できるからです。

下から投げたフライを捕れるようになったら、次のステップに進みます。打撃マシンを使ったフライキャッチです。実際のフライと同じような軌道になるように、マシンのアームを調整したものです。どんなにノックの上手い指導者でもミスはあります。しかし、マシンは一定のリズムで同じ軌道のフライを正確に出し続けます。人間より勝る部分は機械を活用する。その方が練習の効率は上がり、子どもたちは上手くなります。ネーミングは打撃マシンですが、打撃以外にも活用できるんです。（次ページ参照）

フライ捕球の練習

顔や体にボールが当たる恐怖心を抱かせないように、グラブは体の横で構えさせる。指導者は選手がグラブを動かさなくても捕れる位置に、下から山なりのボールを投げる。最初は柔らかいボールを使ったり、フライをグラブに当てる練習をしたりするのもお勧め。体の横でフライを捕るタイミングをつかめたら、投げる場所を前後左右、体の正面と増やしていく。

マシンを使ったフライ捕球の練習

次のステップは打撃マシンを使ったフライキャッチ。フライの軌道になるように設定したマシンから放たれるボールを捕球する。

投げることのポイントは正しいフォームです。園児や小学校低学年の野球未経験者に難しい言葉を使っても伝わりません。実際に手本を見せながら、こんな感じで教えています。

「両足を肩幅くらいに開いて、両手を頭につけて三角をつくる～。丸まったらかっこ悪いから、背中は伸ばして。そうしたら、グラブの方の手は下ろして、体をひねる～。次は、体をピシーと回して後ろにある方の肩を前に持ってくる。体を回す時に音したかぁ？　ピシーと速く回すから音がするはずだからなぁ」

私がピシーッと口で言いながら体を回してボールを投げると、子どもたちから「口で言ってた～」と突っ込みが入ります。投げる時に一番大切なのは、トップの位置です。右投げの選手の場合、右肘を45度に曲げて、左肩と右肩と右肘を結んだラインが一直線になるようにします。そこから、左肩を軸にして右肩が左肩を追い越すように上半身を回転させてボールを投げます。

変なクセがついてしまうとコントロールが不安定になり、肩や肘にも負担がかかって怪我の原因になってしまいます。少年野球では打ち方を教えたり、ノックで捕り方を指導したりする時間ばかりで、初心者に投げ方を教えないチームが多いように感じています。子どもたちが長く野球を楽しむには、正しい投げ方が重要です。以前、全国大会で優勝経験のある中学校の野球部の監督に、「小学生のうちに一番身に付けておいた方がいい技術は何ですか？」と質問したら、「投げ方です」と即答されました。中学校で故障する選手の多くは肘や肩に負担がかかる投げ方をしているそうです。野球歴が長くなるほど修正に時間がかかり、指摘し過ぎるとイップスになるリスクもあるそうです。

投げ方のクセを直す難しさを感じた出来事が最近もありました。出張指導で東京都の少年野球チームに行った時でした。野球を始めて3か月くらい経った小学1年生の男の子に投げ方を教えたのですが、トップの位置をつくった姿勢で止まっていられませんでした。肘が下がるクセがついているので、慣れない体の使い方にストレスを感じてしまうんです。他にも、体が前に突っ込んでしまうクセと、最初から投げたい方へ胸を向けてしまう〝ダーツ投げ〟のクセもありました。ボールを速く投げるには、いかにギリギリまで体を回転させずに我慢するかが大事になります。右投手であれば、できるだけ三塁方向に胸を向けた状態を保って力をためてから捕手の方へ体をひねります。野球歴わずか3か月でもクセはついてしまい、修正にはある程度の時間がかかります。野球を始めた段階で正しい投げ方を指導する大切さを、そのチームの監督に伝えました。

それでは、正しい投げ方の続きです。トップの位置を覚えたら、次は体重移動です。右投げの選手の場合、投げたい方へ左足のつま先を向けて、体をひねりながら体重を右足から左足へ移してボールを投げます。この時、左肩が下がらないように注意します。このように投げる動きを分解して、ポイントを教えていきます。もちろん、すぐには身に付かないので反復練習が必要で、その都度、私やコーチ陣が子どもにアドバイスしていきます。投げる練習はキャッチボールのように相手はいりません。壁に向かって投げっ放しです。スローイングにはキャッチングやバッティングと違って怖さや失敗がないので、野球未経験でも楽しんで取り組めるメリットがあります。

バッティングは最初、ほとんどの子どもがバットにボールを当てられずに失敗の連続なので、指導の順番は最後です。打ち方にはポイントがあります。まずは、お尻を少し後ろに出して構えます。子どもたちには、ゴリラのポーズと伝えています。次に、構えた時の後ろ側の足、左打者であれば左足の方に体をひねります。グリップの位置は肩の高さ。肩よりも高くなるとパワーが落ちてしまいます。大切なのがバットの位置です。バットのヘッドが投手側を向くように頭の後ろにつけます。これは私たちが「多賀打ち」と呼ぶ、スイングの距離を最も長く取るための打ち方です。スイングの距離が長くなれば遠心力が高くなるので、打球を遠くに飛ばせます。

実は、この打ち方は私たちが選手の頃、指導者に反対されていました。スイングの距離が長くなると振り遅れるので、「ヘッドを入れるな」と怒られました。確かに、ボールとバットの距離は短い方が、バットに当たる確率は高くなります。でも、打球は飛びません。野球を始めた時、誰もがホームランを打ちたいと思ったはずです。打球を遠くに飛ばした時の快感は野球

投げ方の基本

背筋を伸ばして肘で三角形をつくる。次に、右投げの場合は左腕を下げて、右側の肩甲骨を中心に寄せるように体をひねる。大切なのは左肩と右肩と右肘を結んだラインが一直線になること。そして、右肩と左肩の位置を入れ替えるように上半身を回転させる。この時に速く強く体を回せると、投球や送球の球速や球威が増す。

体重移動は右投げの場合、左足を上げてから地面に下ろす時、右足の股関節に体重が乗るように意識する。左足のつま先は投げたい方に向け、左肩を下げずに上半身を回して右足から左足へ体重移動する。胸はできるだけ三塁側に向ける時間を長くすると、強いボールを投げられる。フィニッシュは左足の股関節に体重が乗るようにする。

Taga

の楽しさの1つです。飛距離を出せる打ち方があるなら、それを覚えない理由はありません。振り遅れないように練習すればいいだけです。多賀少年野球クラブでは、1番から9番まで全員がホームランを打てる打線を目指しています。

この動きができるようになったら、次は体重移動です。左打者の場合は軸足になる左足の股関節に体重を乗せて、体を回転させながら踏み込んだ右足に体重を移します。体重移動を身に付けると、より大きな力が打球に伝わるので飛距離が伸びます。大切なのは、体重移動で投球のタイミングに合わせることです。体の回転で合わせるわけではありません。体の回転でタイミングを取ると、予想外の緩いボールがきた時に体が回り切ってしまい、腕だけでバットにボールを当てるのが精一杯です。一方、体重移動でタイミングを取れば、体勢を崩されても上半身は回転せずに残っているので、強いスイングができます。(次ページ参照)

バッティングはマシンを使って打ち込んで、意識しなくても理想のフォームでスイングできるように練習を重ねます。キャッチングやスローイングを教える時と同じように、子どもたちの打撃フォームを常にチェックして修正します。バッティングは成功する確率の方が低いので、上手くいった時は大げさに褒めて子どもたちのモチベーションを高めながら、フォームが

多賀打ち（横から）

下半身はお尻を少し後ろに出す「ゴリラのポーズ」。バットは頭の後ろにつけてヘッドを投手の方に向け、グリップの位置を肩の高さで構える。前にある方の肩（左打者であれば右肩）と後ろにある方の肩（左肩）を入れ替えるように胸を回してスイングする。

多賀打ち（正面から）

体重移動は軸足（左打者であれば左足）の股関節に体重を乗せて、体を回転させながら踏み込んだ足（右足）に移す。体重移動で投球のタイミングに合わせると、緩いボールを投げられても上半身が回らずに残っているので、体勢が崩れても飛距離を出せる。

振り戻し

バットにボールが当たらない野球初心者には「振り戻し」が効果的。ティー打撃で1球1球構え直すのではなく、スイングと同じ軌道でバットを振り戻して構えさせる。この軌道に指導者はボールをトスするとバットにボールが当たりやすい。

固まるまで粘り強く指導していきます。

この前段階として、野球を始めたばかりの子どもを持つ保護者や指導する監督からは、こんな相談を受けます。「バットに全然ボールが当たらない子どもには、どのように教えていますか?」、「子どもがボールを怖がってバッティングができない場合の解決法はありますか?」。まず、バットにボールが当たらない場合はバットの振り戻しが効果的です。トスバッティングで子どもが空振りしたら、映像を巻き戻しするようにバットと両肩のラインが水平になるようにして反対向きにバットを振り戻すように指導します。そうするとスイング軌道が安定して来るので、その軌道に指導者や保護者がボールをトスしてバットに当たるようにします。バットにボールが当たる喜びを子どもたちに経験させて、ボールを弾き返した瞬間、目いっぱい褒めて盛り上げてください。

スイングした後に1回1回構え直すとスイング軌道が定まらないので、大人がトスを調整しても、なかなか子どものバットにボールが当たりません。誰もが最初は上手くいきません。小さな体でバットを振るだけで大変なのに、向かってくるボールにタイミングと位置を合わせて打ち返すのは至難の業です。でも、難しいからこそ成功した時の喜びは大きくなります。繰り返すうちに少しずつ子どもたちは感覚を掴んでくるので、大人は焦らずに気長に教えてほしいと思います。

ボールが怖いという子どもは、野球を始めて間もない時に投球が顔や体に当たった経験をしているケースが多いです。その時の痛みや恐怖心が残ってしまい、体を開いたまま構えたり、極端にホームベースから離れて打ったりします。私が提案する解決策は、エンドランの練習です。投げるのは体から遠いアウトコースのボール球です。どんなコースや高さでも、全ての投球をスイングするように伝えます。本来、野球を始めた子どもは全員、ホームランを打ちたいと思っています。それが、デッドボールの経験やボール球を振って監督から怒られた記憶などから、積極的にバットを振れなくなります。どんなボールでも打つエンドランの練習で、子どもたちはバットにボールを当てる、打球を飛ばす楽しさの原点を思い出します。

恐怖心の強い選手には、最初は飛びつかないとバットが届かないアウトコースのボール球から始めて、少しずつ投球をホームベースに近づけていきます。ポイントは、「ヒットを打つこと」から「バットに当てること」へ練習の目的を変えるところです。アウトコースのボール球を打つ練習は、体を開いてスイングするクセがある打者にも効果的です。体が開く右打者は、踏み出す左足が三塁方向へ開いてしまいます。アウトコースのボール球を打つためには左足を一塁側に踏み出す必要があるため、自然と左足が三塁側に開くクセが修正されて体の開きも抑えられます。ホームベースから離れて構えるバッターは、ボールにバットが届くようにホームベースに近づきます。指導者が「ボールを怖がるな」、「体を開くな」と注意するのは逆効果です。選手の動きが自然とクセを修正する形になるように、練習を工夫する必要があります。

バッティングはプロの世界でも3割打てば一流と言われます。子どもたちが習得に時間がかかるのは当然です。送球も、しばらくは不安定で構いません。ただ、キャッチングは、できるだけ早く身に付けたいスキルです。ゴロやフライ、送球を捕ることができれば実戦練習に入れるためです。子どもたちは座学で聞いた内容を実際のプレーで試すと理解が早くなりますし、座学への興味も沸いてきます。せっかく実戦練習に入ってもキャッチングが上手くできずボールが顔や体に直撃すれば、野球が嫌になってしまう恐れがあります。

私たちのチームでは、キャッチングが一定のレベルまで達した子どもたちは、初心者が練習するサブグラウンドから、小学5、6年生も練習しているメイングラウンドへ移ります。ステージクリアした選手たちを私たち指導者も上級生たちも「待ってたぞ」と歓迎します。初心者クラスの子どもたちもうれしそうに加わってきます。メイングラウンドでは、アーム式の打撃マシンを使って6か所で同時にバッティング練習します。バッティングをしない選手は守備に就いて、次々に飛んでくる生きた打球を捕るわけです。打撃と守備を同時に効率良く鍛えています。私やコーチ陣が付き切りにならなくても、選手たちが自然に上手くなる仕組みです。うちのチームには自主的に練習参加してくれる保護者が多く、選手の安全面に気を配り、マシンへのボール補充や球拾いも手伝ってくれます。

未経験者、初心者への指導こそ工夫が求められる

未経験者や初心者の指導で重点を置くのはキャッチング、スローイング、バッティングの順番になります。ただ、練習が単調にならないような工夫を凝らしていますし、走塁のメニューも取り入れています。練習体験にきた子どもたちにも2時間の中で、投げる、捕る、打つ、走るの全てを経験してもらいます。走るメニューはランニングやダッシュでは子どもたちを楽しませることができないので、競争やゲーム性を取り入れることが大切です。試合形式にして、盗塁や次の塁を狙う走塁を遊び感覚で学んでもらう時もあります。子どもたちはアウトになら

ないように必死です。ホームベースを踏んだら1点入る、相手の送球より早く塁に到達したらセーフになるといった基本的な野球のルールを楽しみながら知ってもらいます。

昨年12月、幼児野球を始めようとしている少年野球チームの指導者を集めた講習会を開きました。園児と小学1年生の初心者6人がプレーするチームを訪れて、私が選手を教えながら指導者にポイントを説明しました。場所は小学校の校庭でした。20分ほど経つと、練習に飽きた子どもの1人が母親と一緒にすべり台の方へ歩いていきました。母親は申し訳なさそうな顔で私の方を見てきます。私は「全然気にしなくて良いので、お子さんとすべり台で遊んでください」と伝えました。その子につられるように、「僕もすべり台で遊んでいい？」と、別の子どもも2人も練習を離れていきました。私は当然、すべり台で遊ぶことを止めません。子どもたちの好奇心を尊重します。

その時は、手で転がしたボールをグラブで捕る練習をしているところでした。私は練習場所をすべり台のすぐ近くへ移しました。練習を盛り上げ、ゴロの捕球に成功した子どもたちを目いっぱい褒めます。次に、子どもたちにすべり台の上へ移動してもらい、滑り下りた勢いでダッシュしながらゴロを捕るように伝えました。すべり台で遊んでいた3人が、楽しそうに練習する残りの3人の姿を見て、「僕もやりたい」と練習に戻ってきました。今度は私がすべり台の上からボールを転がし、子どもたちにはすべり台の下で待ち構えてもらいます。すべり台の傾斜で勢いよく転がるボールに子どもたちは大喜び。夢中でグラブにボールを収めようとしていました。すべり台の上から転がすボールは2球連続でキャッチするように指示しました。野球を始めたばかりなのでグラブを上手く使えず、グラブを付けていない方の手でゴロを捕るケースがあったからです。2球連続で転がすと、最初に捕球したボールを素手に握ったまま2球目を捕りに行きます。少なくとも1球は、自然とグラブだけでゴロを捕る動きになります。

大事なのは、子どもたちが練習から離れていったら練習のやり方に問題があると指導者が考えることです。自分が教えたいメニュー、大人の都合を子どもに押し付けてはいけません。練習にゲーム性や競争を取り入れて、子どもたちの好奇心を駆り立てる方法を考えます。間をつくらずに子どもたちをテンポ良く動かす意識も大切です。リズムが悪い練習や待ち時間が長い練習は飽きられてしまい、子どもたちはおしゃべりを始めます。

子どもたちが楽しそうに練習していると、指導者も熱が入ってきます。ただ、やり過ぎないように注意してください。子どもたちに少し物足りなさが残るくらいが、ちょうどいい練習量です。「あすも練習したい」、「来週もグラウンドに行きたい」という気持ちにつながる終わり方ができると、子どもたちは積極的に取り組むようになります。

幼児野球には指導者も保護者も不安があります。理解力や運動能力が十分ではない園児を教える自信がない指導者は多いと思います。父親が野球好きで子どもにも野球をやらせたいと思ってチームに入れた結果、子どもが練習を嫌いになって野球を辞めたいと言い出すかもしれません。そうなれば、子どもは二度と野球をやらない可能性があります。子どもをチームに預ける保護者は、勇気を持って一歩を踏み出しています。その気持ちに応える指導をしなければいけません。今後、生き残っていける少年野球チームは園児や小学校低学年の子どもを大切に育てられるチームだと思っています。

多賀少年野球クラブの部員は現在、110人を超えています。これだけの大所帯となったのは、園児が増えているからです。今、園児は20人以上います。小学生未満の子どもを対象にした幼児野球を本格的に始めたのは2021年11月でした。実は、ある課題に直面して講じた策でした。それは、小学1年生の部員が少ないことでした。小学1年生の勧誘をしても、チームに入ってくるのは小学2、3年生から。その理由をチームの保護者に聞いて回っていた時、1

人の母親が「1年生は学校生活に慣れるのが大変だから」と口にしました。園児から小学生になって環境に慣れていないのに、新しく習い事を始めようと考える保護者は少ないという話でした。生活のリズムに慣れた小学2、3年生に、習い事をさせようと思う家庭が多いそうです。

そこで、私は考えました。それなら、年中、年長の園児を勧誘すれば良いのではないかと。年中、年長の子どもは幼稚園や保育園の生活に慣れています。小学生よりも時間にゆとりがあるので、習い事を始めやすいのではないかと思いました。

園児の勧誘に関して、野球は二歩も三歩も他の競技から遅れています。特にサッカーは指導者が積極的に幼稚園や保育園を訪れて、体験会やイベントを開いています。園児はサッカーに親しみを感じます。野球関係者が小学校低学年の子どもの勧誘に行っても、すでにサッカーチームに入っていたり、サッカーに興味を持ったりしているので、もう遅いわけです。

私は多賀少年野球クラブで幼児野球を始めますと謳って、募集をかけました。ただ、私にもコーチにも、園児を指導するノウハウはありません。そこで、部費を無料にしました。保護者には「これから幼児野球を始めようと思っていますが、私たちには指導力がありません。無料でやらせてもらいますが、試行錯誤でやっていくことになります」と説明しました。好奇心旺盛な園児は、いつ練習を離れて別の遊びを始めるのか予想できません。安全面を確保するため、保護者の付き添いを入団の条件にしました。練習開始から最後まで参加する必要はないので、保護者が一緒に居られる時間だけ練習に来てもらう形を取りました。

最初に集まったのは7人。そこから口コミで少しずつ人数が増えていきました。どんな練習に園児は興味を示して上達するのか、どのような言葉が伝わるのか、トライ&エラーの繰り返しでした。ただ、練習の回数を重ねるごとに指導方法が見えてきます。野球の楽しさを知って、どんどん上達していく子どもたちの姿を見ていると目指す方向性は正しいと自信を持てました。

昨年1月からは正式に幼児野球の募集を開始しました。練習は土日と祝日で、1回2時間。無料のトライアル期間を終了し、部費は月1000円としました。今年、小学1年生の部員は14人入りました。人数は例年の3倍くらいにあたります。ほとんどが年長からチームに入っている子どもたちです。評判が口コミで広がって、園児の数は爆発的に伸びています。

幼児野球の成功は、脳サイン野球にたどり着いた経緯と重なる部分があります。脳サイン野球は相手チームにサインを見破られたところからスタートしました。問題を解決する策だったわけです。幼児野球も、小学1年生の部員を増やせない課題を解消するために思い付いた案でした。

幼児野球が上手くいった要因は、もう1つあります。私を度々、助けてくれる夢です。園児を対象にした練習体験を始めたばかりの頃、夢を見ました。夢には、チームの女性マネージャーが出てきました。詳しくは、この本の第5章「令和の根性野球」で登場するマネージャーです。練習体験の子どもたちのところへ向かおうとする私はマネージャーに呼び止められ「体験は2時間あるので、1時間ずつ2つのクラスに分けてみるのはどうですか？」と提案されました。最初の1時間は全くの野球未経験者、次の1時間は経験者と分けた方が、子どもたちから高い満足感を得られるという指摘でした。

確かに、体験にはグラブやバットを触るのが初めての園児もいれば、すでに自分のグラブを持っていて父親と野球で遊んだ経験のある園児もいます。未経験の園児は経験者を見て引け目を感じてしまうかもしれませんし、園児のレベルが近い方が練習をスムーズに進められます。小学2、3年生の体験でも、マネージャーのアドバイス通りに未経験者と経験者で練習時間を分けました。クラスを2つに分けた方が好評でした。特に、未経験者は同じくらいのレベルの選手だけの方が最初は参加しやすいということでした。私はぐっすり寝て疲れを取りながら、夢の中でアイデアが浮かんできます。人生得しているなと感じます。女性マネージャーには現実の世界でお礼を言いましたが、あまりピンときていない表情をしていました。

脳サイン野球を実現させる指導の在り方 NGワードは？

脳サイン野球を選手に浸透させるためには、普段から考える意識を持ち、自ら動く習慣を身に付ける環境をつくることが大切です。指導者が最も使ってはいけないNGワードは「〇〇しなさい」、「〇〇してはいけない」と子どもの好奇心を潰す言葉です。行動を制限された子どもたちは「大人の言う通りに動けば何も言われない」と考えることを放棄してしまいます。大人の考える通りに子どもが動くことが指導や教育だと勘違いしている人は少なくありませんが、無気力な子どもを増やしてしまいます。

思い出してください。子どもは赤ちゃんの頃、何にでも興味を示します。ところが、家庭や学校で注意され、時には厳しく叱られて、どんどん好奇心を失っていきます。私はグラウンドに来る保護者に向けて「週末は子どもたちに冒険心を取り戻してほしいと思っています」とよく口にします。

私たちのチームには園児もたくさん所属しています。練習体験には年少の園児も来ます。園児たちは好奇心旺盛なので、練習中でも昆虫を見つけたり、おもしろい形の石を見つけたりすると、グラブを置いて昆虫や石に熱中します。1人の園児が野球よりもおもしろいものを見つけると、2人、3人と引っ張られるように練習から離脱していきます。保護者は申し訳なさそうな顔をして、練習に戻るように子どもを説得します。この時、指導者が「こっちに戻って来い」というような命令口調になるのは絶対に駄目です。せっかくの好奇心を奪ってしまいます。私は、そういう状況を見ると「コーチ、昆虫に負けてるよ〜」と声をかけます。すると、コーチは必死に練習を盛り上げます。子どもたちが昆虫よりも野球が楽しそうと感じれば、自然と練習に戻ってきます。

私の場合は、園児を練習へ戻すために、練習を離脱した園児の保護者を練習参加させる時もあります。お父さんやお母さんにゴロを転がして「上手い！」と褒めながら楽しそうにしていると、子どもは両親の様子に興味を持ち始めます。そして、「僕もやりたい！」と練習に混ざってきます。親子3人が笑顔でゴロ捕球の練習をする光景も、多賀少年野球クラブでは珍しくありません。

私は園児の指導に限らず、子どもたちが興味を持って自分からやってみようと思う方法を色々と試します。正解を考えるよりも、数を打って正解を探すやり方です。どんな方法が子どもたちの心に響くか分かりませんから。全体練習の輪に入れない体験に来た子どもがいた時は、その子がいるところへ少しずつ全体練習の場所を移動して、いつの間にか輪に入っているようにしたこともありました。初めて練習体験に来た子どもは、何度か経験して雰囲気を知っている子どもたちと距離を取り、上手く馴染めないケースがあります。

以前、他の少年野球チームの指導者が私たちのチームへ練習見学に来た時、こんな出来事がありました。練習中に年中の園児がグラウンドのフェンスを上り始めました。お母さんは子どもを注意しようとしていましたが、私はお母さんに「止めないでください」と伝えました。それほど高いところまで上っていませんでしたが、園児が落ちた時に備えて、私や保護者はフェンスの下で待機しました。10分くらい経ち、園児は下りられないと助けを求め、私のところへダイブしてきました。無事に園児を受け止めて、保護者には「これで、この子は今後フェンスに上りませんよ」と伝えました。この園児は経験から学んだわけです。

見学に来た指導者は「私なら危ないから上るな。野球の練習に来たのにフェンスに上るなと、すぐに注意しています」と驚いていました。危ないからと子どもたちの行動を制限するのは簡単です。ただ、同時に子どもから好奇心も、考える機会も奪ってしまいます。フェンスがあったら、大人の私だって上ってみたくなりますよ（笑）。

他のチームの監督やコーチ、保護者と話をしていると、「子どもが想定通りに動かない時はどうしていますか？」と聞かれます。そもそも私たちのチームには想定がないので、指導の想定外が起きません。練習場所から子どもが離れてしまうのは保護者にとっては想定外ですが、私は子どもが大人の想像を超えると思っているので何が起きても驚きません。保護者には「こういうものですよ。この子がどれくらいの期間で野球に夢中になるのか挑戦ですね」と伝えます。多賀少年野球クラブに指導や育成の枠組みがあったら、今のように選手は増えていないはずです。

練習でも、子どもたちの好奇心をいかに駆り立てるか常に考えています。中でも、競争心とゲーム性はキーワードです。野球の動きが一通り身に付いた小学校中学年は、1つ1つの動きの精度と速さを上げていく時期です。捕球と送球のスピードを向上させる守備練習は、どのチームでも取り組んでいると思います。私は選手が少し飽きてきたなと感じると、スピードガンやストップウォッチを使います。

選手には「ゴロを捕ったらネットに投げて」とだけ伝えます。ネットの後ろにはスピードガンを置きます。私が打ったゴロを捕ってネットにボールを投げた選手に、その保護者は送球のスピードを伝えます。選手たちは「85キロ」、「88キロ」、「83キロ」と急速を告げられると、「自己最速を出したい」、「他の選手より送球を速くしたい」という気持ちが芽生えます。「最速が出ました！　95キロ！」と保護者も場を盛り上げてくれるので、選手たちは順番を待ちきれない様子でゴロ捕球を繰り返します。ストップウォッチも同じように、捕球から送球までのタイムを計測します。私が手取り足取り指導しなくても、選手たちはタイムを上げるためにどうやって動きの無駄を省くのか考えるわけです。

監督やコーチは〝指導者〟と呼ばれますが、最も大切なのは選手の指導ではなく、選手が自

ら練習する環境づくりだと感じています。サインで選手を動かしていた頃は、練習でも選手を動かしていました。でも、今は選手が自主的に行動するような工夫を凝らしています。怪我を予防するための捕り方や投げ方、座学で野球の考え方を教えた後は、私やコーチ陣が始めから指示することはありません。自分で考えた方法を試した上でアドバイスを求めてきた選手に言葉をかけた方が、より成長につながります。上手くなりたいと向上心を持っているわけですから。選手たちに「こういう風にやってみよう」と、いかに思わせるかが大事です。

マシンでバッティング練習した後のボール集め1つとっても、指導者の腕の見せ所です。「早くボールを集めろ」、「急がないと打つ時間が減っちゃうよ」と声をかけても、子どもたちの動きは早くなりません。園児や小学校低学年の子どもたちには「1分以内に拾うぞ。よーい、どん！」とゲーム性を持たせ、「ボールを5個拾ったら、5倍上手くなるぞ！」と向上心をくすぐります。単調なボール集めが楽しくなり、視野や脚力が鍛えられます。私たち指導者も、どんな方法で仕掛けるか考えるのは楽しいですね。

練習参加を強制しない 子どもも大人も気兼ねなく休めるように

指導方針では、練習参加を強制しないところも特徴です。全国大会出場の常連と聞くと、野球のために色んな犠牲を払っていると思われがちですが、練習は自由に休んで構いません。ただ、保護者には「家族でディズニーランドに行く」、「甲子園に阪神戦を観に行く」というように休む理由をはっきりと伝えてもらうようにしています。「あすは家の用事で…」と言葉を濁されるよりも、ずっと気持ちが良いからです。私は「いいな〜楽しんできて」と子どもたちを送り出します。

普段から選手や保護者と本音で話せる関係を築くことは、子どもたちを守るために大切です。少年野球では肩や肘、腰の怪我が原因で野球をあきらめる選手が少なくありません。最大の原因は、選手が痛みや違和感を監督やコーチ、保護者に隠してしまうからです。子どもたちは、痛みがあって練習を休むと試合に出られなくなると心配してしまいます。どんなに理想的な投げ方をしていても、痛みをこらえて無理をすれば大きな故障につながります。

多賀少年野球クラブの公式戦とは全国大会につながる試合のみです。その試合に関しては完全な実力主義なので、練習の参加率は選手起用に全く影響しません。私たち指導者は練習で子どもたちの動きや仕草を見れば普段との違いに気付きますが、わずかな違和感でも子どもたちが「何か変な感じがする」、「少し痛い」と口にできる関係性が重要です。チームには、選手も保護者も不安があれば遠慮なく私やコーチに話ができる雰囲気があります。

以前、腰にハリがあると訴えてきた選手がいました。保護者と一緒に病院に行ってX線レントゲンを撮っても異常は見つかりませんでした。しかし、私はスポーツ専門の医師がいる別の病院でMRIを受けるよう、保護者に伝えました。すると、腰に疲労骨折が見られると診断されました。無理な練習さえしなければ、子どもが腰を痛めることはありません。この選手は、新型コロナウイルス感染拡大でチームの活動を制限していた期間、保護者に促されて自宅前で素振りをしていたそうです。

私は過度な素振りを禁止しています。ティー打撃やマシン打撃のようにボールを捉える練習は、インパクトの時に自然と力が入ります。一方、素振りは筋肉に力を入れるタイミングが分かりづらく、腰をひねり過ぎて負担が大きくなりがちです。体が十分に成長して、経験も豊富な選手なら問題ありませんが、成長期の小学生には実際にボールを打ってスイング力を強化する方法を勧めています。腰は、一度すべり症になってしまうと腰痛が続きます。治りの早い子どものうちに対処する必要があります。腰に限らず、初期段階で異変に気付けば大きな怪我を避けられます。そのために、練習を休める安心感と遠慮なく何でも話せる関係性が大事になります。

練習を気兼ねなく休めるようにしている理由は、他にもあります。多賀少年野球クラブには、指導方針が合わずに他のチームから移籍してきた選手も多いです。滋賀県外から来ている選手もたくさんいるので、練習に参加できるかどうかは選手自身の意思だけで決められません。保護者の送迎がなければグラウンドに来られないからです。同じ理由で、練習参加時間も自由です。練習開始時間は目安なので、1時間遅れて来る選手もいます。練習前のミーティングも特にないので、グラウンドに到着した選手から自由に練習へ加わっていく形です。

野球以外の時間も大切という考え方は年々大きくなっています。子どもたちは色んな人と関わり、様々な経験をして成長していきます。多賀少年野球クラブには園児から小学6年生まで110人以上が在籍しているので、他のチームよりも選手は多くの大人と接する機会があります。それでも、野球以外のスポーツをしたり、他の習い事をしたり、勉強したり、友達と遊んだりする時間は大切です。家族で過ごす時間も大事にしてほしいと思っています。土日の練習を半日にしているのも、全ての時間を野球に注いでほしくない思いからです。

練習を休むのはコーチも同じです。私たちのチームには、指導者に明確な優先順位があります。1番は家族、2番目は仕事、その次に野球がきます。自分の家族を幸せにできない指導者は、チームの選手や保護者を幸せにできません。少年野球チームの指導よりも、自分の子どもが通う学校の行事や家族旅行が大事なのは言うまでもありません。次に重要な仕事は自分が成長する場であり、家族のためにもなります。私たちのチームのコーチは仕事の都合で練習を休んだり、途中で帰ったりしています。向上心を失った指導者の言葉は、子どもたちに響きません。仕事でも成果を出してほしいと思っています。

家族を最優先する考え方は、自分自身の子育てにも表れています。私は近江高校で野球漬けの日々を送りながら、勉強は要領良くやっていました。授業や生活態度は決して模範的ではありませんでしたが、特進クラスでした。大半のクラスメートが進学する中、「できるだけ早く稼ぎたい」と大手スポーツ用品メーカーのＺＥＴＴに就職しました。当時はバブルの時代だったのでゴルフやテニス用品をはじめ、何でも売れました。「こんなに売れるなら独立して自分で商売をした方が良い」と考え、2年半で退社して自分の店を構えました。多賀少年野球クラブを立ち上げたのも、この頃です。

商売は順調でした。スポーツ用品店に加えて運送業や当時はほとんどなかった人材派遣の仕事も始めて、事業を拡大しました。さらに、仕事をしながら近畿大学に4年間通って卒業。結婚もして充実した毎日を送っていました。

しかし、生活を大きく変えるきっかけが訪れます。1995年、私が27歳の時に長男が誕生し、翌年には次男が生まれました。働けば働くほど売上が伸びる仕事に熱中していた時、ふと思いました。「せっかく2人の子どもに恵まれたのに、このままでは一緒に過ごせない」。家族との時間を一番にしようと思った私は、現在も続けている公務員に転職しました。平日の仕事は午後5時まで、カレンダー通りに休日を取れる公務員が最も家族を大切にできると考えました。

2児の父親となった私は、おむつを替えたり、一緒にお風呂に入ったり、2人の息子と過ごす時間を存分に楽しみました。仕事が終わった後や休みの日は2人を連れての散歩が日課でした。保育園の行事にも積極的に参加し、小学校では参観会や保護者会に私が出席しました。2人の息子には「野球をやれ」とは一言も口にしていません。ただ、2人に物心がつく前から、自宅では常に野球アニメのビデオを流していました。そして、私の思惑通り、2人とも自然と野球を始めました。

息子たちにとって野球は遊びでした。それでも、年子の兄弟だったからか、お互いをライバル視して競い合っていました。私はチームの指導があったので、息子たちに熱血指導していたわけではありません。自宅の屋根裏部屋で毎日15分、羽打ちに付き合うだけでした。2人の息子をそれぞれ右打席と左打席に立たせて、私がリズムよく順番に羽を投げました。息子たちに疲れが見えてきたら、打席を交代させます。右打ちと左打ちでは使う筋肉が変わるので、休憩時間をつくらずに15分練習できます。この練習の影響で左手も利き腕と同じように使えるようになり、息子は2人とも両投げ両打ちでした。

15分の練習時間では息子たちには物足りなさが残りました。でも、足りないくらいの練習量がいいんです。飽きる前に止めると、次の日も練習したくなるからです。練習後は3人で風呂に入りました。風呂場では、もう1つの日課がありました。息子たちとの腕相撲大会です。風呂の蓋は蛇腹ではなく、1枚1枚が独立した3枚蓋のタイプでした。3枚の板を重ねて、その上に腕を置いて勝負します。私が息子2人と同時に対戦する時もありました。毎日、右腕と左腕で勝負を重ねていたある日、長男が小学6年生の時でした。いつものように腕相撲で真剣勝負を繰り広げていると、「バキッ」とものすごい音が風呂場に響きました。風呂の蓋が真っ二つに割れていました。私は息子たちと過ごした日々を思い出し、成長を実感して感動しました。妻には、めちゃめちゃ怒られましたが……。

息子たちは中学、高校でも野球を続け、長男は滋賀県の彦根東高校、次男は大阪府の履正社高校でともに甲子園出場を果たしています。当時、次男が通っていた履正社高校の野球部には寮がなかったので、私は次男と一緒に大阪のアパートで生活しました。毎朝、次男の朝ご飯と弁当を作ってから、滋賀県の勤務先へ出掛けていました。掃除や洗濯もして忙しさは感じていましたが、大変だと思ったことはありません。子どもたちには保護者のサポートが不可欠ですし、大人が最優先すべきなのは家族だと思っていたからです。その考え方は今も同じです。だから、私はチームのコーチたちに一番優先するのは家族だと伝えていますし、選手や保護者にも家族の時間を大切にして練習は自由に欠席してくださいと話しています。

簡単には練習を休めない雰囲気は、野球が敬遠される一因にもなっていると思います。全てを犠牲にしてでも練習に参加する、よほどの体調不良ではない限り練習を休んではいけないというイメージが少年野球にも残っています。日本は練習参加率が評価の基準になる風潮があります。毎回、時間通りに練習参加した選手は頑張っていると評されます。でも、とりあえずグラウンドに来て何となく練習しているだけでは上手くなりません。練習参加が目的になってしまいます。練習の参加率が低くても、自宅で自分を追い込んで練習している選手もいます。本来、練習は目的ではなく上手くなるための手段なわけです。だからこそ、多賀少年野球クラブは選手の能力だけをレギュラー選びの基準にしています。

3つの力を重視 考える習慣をつける

手段が目的になってしまうのは、教育現場に根強く残っている印象を受けています。チーム内で以前、ある選手のお母さんから相談を受けました。その選手は小学校低学年でＩＱ１４０でした。現時点で、医大の教授並みの頭脳だそうです。お母さんからは「しょっちゅう小学校の担任から電話がかかってくるんです。学校では翌日の持ち物を各自がノートにメモするようなのですが、うちの子はいつもメモしないので、お母さんからも注意してほしいと言われます」と相談されました。

私は話を聞いた瞬間、「ノートに書かなくても覚えているからメモしないいんじゃないですか?」と質問しました。お母さんは「そうなんです」と困った顔をしながら答えます。実際、その選手は持ち物を忘れていません。メモしなくても目的は達成しているんです。でも、学校の先生はノートに書くか書かないかを評価の基準、真面目か不真面目かの判断材料にしています。メモが手段ではなく目的になっていることには疑問ですし、こうした考え方を受け入れる子どもにはなってほしくないと私は考えています。

野球でも練習がゴールになってほしくありません。最終的にどんなプレーをしたいから今の練習をしているのか、選手たちに理解して納得してもらいたいと思って教えています。例えば、打撃フォームで体重移動を教えるのは、より大きな力を打球に伝えてホームランを打つゴールがあり、緩いボールでタイミングを外されても対応する狙いがあります。目で見て耳で聞くというより、頭の中で聞いて、話の内容を映像としてイメージできる育成をしたいと思っています。

考える習慣をつけるために、私は3つの力を重視しています。「見る力」、「聞く力」、「試す力」です。この3つの力が育つと、野球は必ず上手くなります。逆に3つの力が欠けていると、どんなに筋力を鍛えても思うように上達しません。

これらは全て野球に限らず、さらにはスポーツ以外でも必要な力です。野球では競技の特性上、見る力と聞く力が特に大切になります。野球は間のスポーツと言われるように、サッカーやバスケットボールなどと比べてボールを触る時間が短く、次のプレーまで時間があります。練習でも、待っている時間が長い競技です。

多賀少年野球クラブは学年別にグループを分け、練習メニューもできるだけ無駄な時間がないように工夫しています。それでも、シートノックでは自分がボールに触るのは1分に1回、せいぜい5秒くらいです。次に自分の番が回ってくるまでに待ち時間があります。その間ぼーっと順番を待つのか、自分より上手い人のプレーを見るのか、他の人がコーチに言われていることを聞き逃さないようにするのか、残りの55秒の使い方が成長の差に直結します。そして、見て聞いた内容を実際に試して、どうすれば今よりも上手くなるのか考えられる選手が試合で活躍できます。小学校高学年になれば、うちのチームの選手たちは3つの力をフル活用できるようになっています。園児や小学校低学年には時々、「今は何の時間?」と質問して、3つの力の大切さを意識させています。

社会に出てからも同じです。先輩や上司に言われた仕事をしているだけでは、いつまで経っても戦力にはなれません。成長の早い人は先輩の仕事を観察し、周りが言われていることに耳を立て、実際に試して自分の知識や技術にしていきます。どちらのタイプが社会で活躍できる人材かは言うまでもありません。3つの力が野球の上達に大事なのはもちろんですが、野球を通して3つの力が磨かれて、将来に生きると付加価値を示せなければ野球の競技人口の減少は加速する一方です。

私の指導方針で、もう1つ大事な軸になっているのが「保護者の顔色」です。他のチームの指導者に話すと、「保護者にゴマをすっているのですか?」と驚かれます。決して保護者に媚びているのではなく、私たちの指導に保護者が満足しているか常に顔色を見ているという意味です。多賀少年野球クラブの教えの基本には、子どもたちに野球の楽しさを伝えることがあります。勘違いしてはいけないのは、子どもたちを楽しませるだけで終わってはいけないんです。いくら子どもたちが「練習に行きたい」、「野球はおもしろい」と笑顔になっていても、全然上達していなければ保護者の表情は曇ります。

小学校の先生が児童を楽しませることに特化するのであれば、課外授業ばかり行って外で遊ぶ時間をつくれば子どもたちは喜びます。しかし、学力が伸びなければ保護者は不満を感じます。少年野球の指導者も、子どもと保護者どちらも満足させる能力が求められています。保護者はチームに入っている子どものために早起きしたり、弁当を作ったり、送迎したりします。時間や手間、お金をかけているわけです。私は多賀少年野球クラブに入ったからこその価値を親子に提供したいと思っています。そのために、保護者の顔色を見ています。

第3章

指導者や保護者からよく聞かれる10の質問

Q

脳サイン野球や楽しむ野球は中学や高校につながりますか？

A

上のステージで活躍する選手は、これまで以上に増えていくと自信を持っています。中学、高校とカテゴリーが上がるほど、守備をはじめ走塁でも打撃でも、状況判断の速さと正確さが求められます。多賀少年野球クラブの選手は小学6年生の段階で高校生レベルの判断力が身に付いています。

ここ最近はメディアに取り上げてもらったり、講演や出張指導をしたりする機会が増えました。その中でよく指摘されるのは「脳サイン野球や楽しむ野球は、中学や高校につながらないのではないか?」という内容です。これに対し、私は「上のカテゴリーで通用しないと思われてしまうような指導を続けながら、チームから26人目の甲子園球児を出します」と答えています。

考える力のある選手は必ず成長します。自分自身やチームの課題を分析して、試合に出るためにはどんな練習が必要なのかを導き出すことができるからです。チームOBには地元・多賀町出身で、現在は東北楽天ゴールデンイーグルスでプレーする則本昂大投手がいます。則本は小学生の時点でプロ野球選手になるような運動能力はありませんでした。多賀少年野球クラブでは選手に全てのポジションを経験させますが、則本は投手以外のポジションでは目立たない存在でした。投手としても球速は90キロ台後半くらい。近年のうちのチームでは110キロを超える球を投げる選手も少なくないので、今なら全国大会のマウンドに立つのは難しかったかもしれません。

則本は当時、体も大きくありませんでした。小学生のうちは特に、体格によって球のスピードが左右されます。実際、則本も中学、高校と体が成長するにつれて、球速が上がっていきました。一方、制球は体の大きさにかかわらず精度を高められます。則本は小学生の時からコントロール抜群で、研究熱心でした。お父さんは野球経験がありませんでしたが、則本の投球をビデオで撮影し、親子で良い時と悪い時のフォームを分析していました。プロの投手とフォームを比較して試行錯誤していたのを覚えています。

当時の則本は緩急をつけたり、相手の打ち気を逸らしたりして、頭を使う投球ができる投手でした。自分の課題を把握して、自分より優れている投手を参考にする〝考える力〟がプロになれた要因だと思っています。

多賀少年野球クラブを立ち上げた35年前、チームは昭和の典型的な根性野球からスタートしました。そこから頭を使う重要性に気付き、２０１１年からは脳サイン野球を取り入れました。２０１７年に怒鳴る指導を一切止めて練習から楽しむようにしてからは、脳サイン野球に磨きがかかっています。チームに15人いる今の６年生は中学でバラバラなりますが、控え選手を含めて全員が次のステージでレギュラーになれると確信しています。今年は５、６年生のチームを２つに分けて実戦経験を増やしたこともあり、これまで以上にチーム全体として野球脳が鍛えられました。控えメンバーもレギュラーと同じだけ練習試合や紅白戦をこなしているので、たとえ全国大会の試合に出場できなくても確実に上手くなっています。

私がチームのレギュラーを決める基準は守備力です。脳サインの重要な要素となる判断力に、最も差が出るのが守備だからです。打力はレギュラーも控えも大きな差はありません。他のチームにいけば、全員がクリーンアップを任され、エースになれる力があります。中学、高校とカテゴリーが上がるほど、守備をはじめ走塁でも打撃でも、状況判断の速さと正確さが求められます。多賀少年野球クラブの選手は小学6年生の段階で高校生レベルの判断力が身に付いています。上のステージで活躍する選手は、これまで以上に増えていくと自信を持っています。

Q

いい選手を集めるから
チームが強くなるのでは?

A

選手や保護者を「勧誘」することはありません。ただ、少年野球への意識が高い保護者や選手が多いのは確かです。「野球が上手くなりたい」という強い意志を持っている選手が多いので、結果的に運動能力が高くなくても、いい選手へと成長していくのです。

もう1つ、よく質問されるのが「チームが強いからいい選手が集まっている」という指摘です。私は選手や保護者に対して「うちのチームに入ってください」というような勧誘をすることはありません。どのチームに入るかは100％本人と家族の自由です。そもそも、少年野球で能力の高い選手を集めるチームが存在するのかも疑問です。

うちのチームには県外から来ている選手も多いので、「選手を集めている」という間違ったイメージがあるのかもしれません。ただ、少年野球への意識が高い保護者が多いのは確かです。チームには片道1時間、2時間かけてグラウンドに来ている親子も珍しくないです。時間をかけ、ガソリン代や高速料金をかけても多賀少年野球クラブで子どもに野球をやらせたいと思うのは、思い入れが強い証です。子どもたちも早起きして長距離を移動して練習に来るくらいなので、野球が楽しくて上手くなりたいと思っています。そういう気持ちがあれば、自然に上達します。平均的な運動能力の子どもでも、結果的にいい選手になっていくわけです。

多賀少年野球クラブには、体の大きな選手も多くありません。野球で大切なのは頭を鍛えることであり、体について言えば筋力よりもバネが大事だと思っています。時々、少年野球でも体を大きくするために決まった時間に補食をとるチームがあります。中には、無理やり食べさせて体を大きくすることを勧めるチームもあるそうです。

私たちのチームでは、子どもたちがグラウンドにクーラーボックスを持参します。それぞれが自分の食べたい物を入れて、好きな時に好きなだけ食べています。お菓子を持ってきて交換している選手もいますし、飲み物も自由なので炭酸飲料を持ってきている選手もいます。練習の合間にお菓子や炭酸を口にしたら野球が下手になるという根拠はないので、禁止にする理由はありません。

私の息子は中学生や高校生の時、体重を増やすために白米を吐くほど食べさせられました。最近では遺伝子のタイプによって、白米を食べても体重が増えない人もいるという研究が発表されています。効果があるのか検証や分析をせず、理由や目的も考えずに無理やり選手に食べさせるのは疑問しかありません。本来、食事は無理に頑張ることではないはずです。農家の方々に失礼です。少年野球のチーム作りは能力の高い選手を集めることではありませんし、重要なのは体の大きさや筋力ではなく野球脳の強化だと考えています。

Q　110人以上の選手で、どうやって練習しているの？

A　練習は土日祝日。学年ごとに練習時間を振り分けているので110人が一緒に練習するわけではなく、効率的に、子どもたちの安全を確保することを心がけています。練習時間は2〜6時間になりますが、短くなることで保護者の協力が得やすくなったり、選手たちの集中力も持続しやすくなったりします。

チームには110人以上の部員がいるので「指導が行き届いているんですか?」、「どうやって練習しているのですか?」という質問も多いです。多賀少年野球クラブの全体練習は土日と祝日。平日は火曜と木曜の夕方を自由練習にしています。練習場所は滋賀県多賀町にある滝の宮スポーツ公園です。両翼78メートルのメイングラウンドと、主に初心者の指導で使う旧テニスコートのサブグラウンドが2面あります。指導者は私の他に、5人のコーチがいます。

効率的に手厚く指導し、しかも子どもたちの安全を確保するため、練習時間を学年で分けています。状況によって変わるケースもありますが、大まかな振り分けは、こんな感じです。

・園児、小学1年生…午前11時~午後1時(2時間)
・小学2、3年生…午前8時~午前11時(3時間)
・小学4年生…午後1時から5時(4時間)
・小学5、6年生…正午~午後6時(6時間)

見ていただくと分かりますが、時間差をつけているので全ての選手が同時に練習している時間はありません。上の学年に行くほど、選手たちだけで練習できるメニューは多くなります。

最も指導者の手が必要なのは園児と小学1年生のクラス、次に小学2、3年生のクラスです。園児〜小学3年生まではレベルによってグループを分ける場合もあります。このようにタイムテーブルを組むと、野球経験の浅い選手たちに、より多くの指導者の手をかけられます。目も行き届くので危険を回避できます。今よりも練習時間が長く、より多くの選手がグラウンドで同じ時間帯に練習していた時期もありましたが、試行錯誤を続けて常にベストな方法を探しています。

選手の人数が増えるのは、チーム運営上はうれしいことです。ただ、第2章で保護者の顔色を見る話をしましたが、保護者は選手の数に対して指導者の数が少ないと、自分の子どもが教えてもらえないと感じて不満を抱きます。園児や小学校低学年が集中できる時間は2、3時間が限界なので、短い時間で濃密な指導を心掛けています。短時間練習は保護者がお弁当を準備する負担を軽減する目的もあります。それ以外にも、思わぬメリットがありました。

滝の宮スポーツ公園は山の中にあるため、近くに時間を潰せるような場所はありません。練習を2〜3時間にしてからは、車で子どもを送迎したまま練習を見学したり、練習の手伝いをしたりする保護者が増えました。保護者がグラウンドにいると、練習の狙いなどを保護者にも伝えられるので、子どもたちは帰りの車の中や自宅で復習できます。子どもの上達に保護者の力は不可欠です。保護者の関わり方は子どもの成長と比例すると感じています。母親が練習の見学をするだけでも子どもの成長スピードは十分に上がりますが、母親より父親、父親1人より両親がグラウンドにいる方が子どもの上達は早くなります。

練習メニューは状況を見て変えています。選手に飽きが見られたらどんどん内容を変えていきますし、練習の参加人数、大会までの残り期間、グラウンドコンディションなど様々なのでメニューは固定していません。今ほど部員が多くなかった時は、最初にキャッチボールをしたら、すぐにシートノックをしていました。グラウンドが一番きれいな状態で守備練習をするためです。ノックで少しグラウンドが荒れたら走塁練習。最後にマシンでバッティング練習をしていました。この流れなら途中でグラウンド整備をする必要がないので、無駄な時間を省けます。今は部員が増えて学年によって練習時間を分けているので別の方法にしていますが、同じ時間でいかに効率良く練習するか、いつも考えています。例えばバント練習は、試合をしていてグラウンドの隅っこしかスペースがない時などに集中的に行います。せっかくフリーバッティングをするスペースや時間があるのに、バント練習するのはもったいないと思いませんか？　グラウンドには照明がないので、日が沈む薄暗い時間に走塁練習をします。

もちろん、シートノックやマシン打撃のような定番の練習メニューはあります。シートノックでは、全ての選手に複数のポジションを守らせます。当初は選手を飽きさせないことが狙いでした。しかし、思わぬ収穫がありました。ある日、二遊間の選手が一塁手にアドバイスしていました。注意して様子を見ていると、ノック中やノック後に選手たちの会話が増えていました。ノックや練習試合で複数の守備位置に就いた経験から他のポジションの選手の気持ちが分かり、選手間での意見交換につながっていました。公式戦が近づいたら選手のポジションを固定しますが、複数の守備位置を経験したからこそチームに生まれた効果でしたね。

シートノックでは小学4年生が5、6年生と一緒に守備に就きます。これはレギュラーのレベルを肌で感じてもらう狙いです。自分より上手い選手のプレーを見るのは上達するチャンスです。自分と比べて何が違うのか観察し、良いところをまねすればレベルアップできます。仮に今すぐにはできなくても頭の中に蓄積しておくと、中学や高校に進んでから生かせる時が来ます。小学生は思い切り打って、投げて、走ればOKで終わらせず、選手に高いレベルを意識させる練習を心掛けています。常に今以上の練習方法を探しているので、メニューは絶えず変化していくと思います。

練習時間は土日祝日、いずれも半日が基本です。平日は火曜日と木曜日の夕方は自由練習日としていますが、参加する選手は2~3割くらいです。月、水、金曜日は完全オフです。野球には、いいトレーニング、いい食事、いい休養の3つが大事です。十分に睡眠を取って体を休めないと、疲れがたまってパフォーマンスは落ちますし、体の成長にも影響します。練習時間の長さは野球の上達に必ずしも比例せず、むしろ逆効果になる可能性もあります。

Q

部費はいくら？
チーム運営の方法は？

A

園児～小学1年生までは月1000円。2年生以上は月2000円＋保護者会費1000円の計3000円。部費は用具代や選手の登録料、保護者会費は審判をしてもらった方や役職を受けてもらった方等、不平等なお手伝いをしてもらう方への手当てにあてています。ボランティアに頼りきらず、透明性を持った運営を心掛けています。

練習の仕方とあわせて聞かれることが多いのは、チームの運営方法です。まず、多賀少年野球クラブは他のチームと比べて、練習環境がかなり恵まれています。多賀町の施設である滝の宮スポーツ公園をホームグラウンドとして使わせてもらえているのは、非常に大きなアドバンテージです。隣接している体育館も予約が入っていない時は利用させてもらっています。設備面では、打撃マシンは屋外用が6台、室内用は7台あります。ボールは打撃練習用やノック用など様々な用途で計1000個以上。29人乗りのマイクロバスと道具を運搬できる軽トラック、私が手を加えたグラウンド整備用の車もあります。多賀少年野球クラブが選ばれる理由の1つには、思い切り野球を楽しめる練習環境もあると思っています。

滝の宮スポーツ公園は山の中にあることから、最初は利用者が少なかったそうです。グラウンドは雑草が伸び放題でした。そこで、グラウンドをきちんと管理することを条件に、多賀少年野球クラブが優先的に使えるようにしてもらいました。それまでは一般的な少年野球チームのように、地元の小学校のグラウンドを借りていました。

滝の宮スポーツ公園に練習場所を移した時、部員は一時的に減りました。自転車で通える距離だった小学校と違い、保護者が車で送迎しないと子どもたちがグラウンドに来れなくなったからです。部員が減ってしまうのは覚悟していました。ただ、将来を見据えて練習環境の改善を優先しようと考えました。小学校の周りには民家が立ち並んでいるため、土日の朝から大きな音や声を出せません。ボールが外に出ないように加減も必要です。しかし、滝の宮スポーツ公園は野球をするための場所です。何の遠慮もせずに練習できます。

部員が少なかった頃は施設の管理は大変でした。今は保護者が率先して手伝ってくれます。グラウンド整備や草刈りをはじめ、ネットの補修も自分たちでやっています。多賀町からは「大事に使ってもらってありがたい」と感謝されています。保護者の当番制については後ほど詳しくお話ししますが、私たちのチームにはお茶の用意や練習の補助といった当番はありません。それでも、どの学年も多くの保護者が練習のサポートをしてくれます。広いグラウンドに充実した設備があっても、少年野球チームの運営はできません。多賀少年野球クラブが恵まれているのは、保護者の存在だと強く感じています。

打撃マシンやボールの数といった充実した設備を聞くと、「部費が高いに違いない」と思う人も多いと思います。多賀少年野球クラブの部費は園児から小学1年生が月1000円、小学2年生から6年生までが月2000円です。その他に、小学2年生以上は保護者会費で月

1000円かかります。合わせて月3000円で土日祝日に目いっぱい野球を楽しめたら、お得だと思いませんか？　他のチームと比べると格安のはずです。

部費は大会に出場するための選手登録料やボールなどの用具代、遠征の際に使うチームバスのガソリン代や高速道路の料金といった選手が野球をする上でかかる費用にあてています。保護者会費は金額的に読めない通信費や電気代に使い、残った分は積み立てておきます。また、保護者会の会長に年間2万円など、副会長や会計係といった役職を担っている人への手当てにも使われます。役職に就いている人は他の保護者よりも時間も労力も費やしています。これをボランティアにすると保護者の間で不平等感が生まれてしまうので、お礼を「ありがとう」の言葉だけで済ませないやり方が大事だと感じています。同じ理由で、練習試合の球審や塁審にも、保護者会費から手当てを渡しています。

その他にも、チームには感謝手形という仕組みがあります。例えば、自家用車でチームの用事を足してくれた人はガソリン代がかかっているので、感謝手形を手渡します。手形は現金に変えられませんが、当番を変わってもらった相手に譲渡したり部費と相殺したりできます。

打撃マシンやチームバスのような大きな買い物は最終的に部費でまかなう形になりますが、最初は監督が購入することをお勧めしています。実際に私も、まずは自費で買っています。そして、月々の部費から少しずつ何年もかけて監督へ返済してもらう形です。その間に部員を増やしていけば、部費の金額を大きく上げる必要はありません。指導者として、「チームへ投資をする」というイメージです。

子どもたちに野球の魅力を伝えるには、練習環境も大事な要素になります。子どもたちが元気いっぱいにプレーする声を〝騒音〟とみなし、声を出せる時間や練習時間を制限する都会のルールは、子どもたちの好奇心を奪っています。都会のルールに縛られていた子どもたちが私たちの練習環境を見て、多賀町に移住してでもチームに入りたいと思うのは不思議ではありません。

ただ、以前は山の中に広い練習場所があっても、車の送迎で保護者に負担がかかるし、雪も降るし、部員は増えないと言われていました。今のように部員が増えると、今度は恵まれたグラウンドがあれば人が集まるのは当然と言う人がいます。結局は広い練習場所があるかどうかよりも、そこで楽しく野球ができるかがチームに入る基準になっているのだと思います。練習時間より長い移動時間をかける手間以上に、多賀少年野球クラブで野球をやることに子どもも保護者もメリットを感じているのは揺るぎない事実です。もし、私が首都圏のチームで監督をするのであれば、広いグラウンドで思い切り野球をする今のやり方を目指しません。首都圏ならではの野球の楽しみ方、チームの魅力を見つけます。

チーム運営で大切にしていることは、もう1つあります。地元を中心にチームを応援してくれる仲間を増やすことです。私たちのチームは滝の宮スポーツ公園の使用で多賀町の力を借りています。チームバスはクラウドファンディングで購入し、バスには企業の広告を掲載してスポンサー料をいただいています。ギブ&テイクの関係性です。

用具に関しては野球用品メーカー「フィールドフォース」に協力してもらっています。フィールドフォースは学童野球に力を入れていて、野球チームの悩みを解決する商品を製造・販売しています。多賀少年野球クラブはモニターとなって、販売前の商品を無料で試します。私たちが使ってみて感じた問題点を商品の改良へつなげるわけです。打撃マシンは色々と注文をつけました。その結果、耐久性の高い商品が誕生しました。フィールドフォースとしては「多賀少年野球クラブの練習に耐えられる打撃マシン」と自信を持って展開できるそうです。

ちなみに、私はフィールドフォースから謝礼を一切受け取っていません。時々、チームの外から「辻監督は有名になって結構もうけているらしい」という声を聞きます。35年間チームを率いた経験から断言できますが、少年野球の監督はもうかりません（笑）。お金持ちになりたいのであれば、私はスポーツ用品店の経営を続けていましたし、他の仕事でも稼ぐ自信があります。

話が少し逸れてしまいましたが、少年野球の活動には当然、費用がかかります。だからといって、保護者への負担を大きくするのは違うと私は思っています。それぞれのチームに合ったやり方で、部費を高くしなくてもチームを運営できるはずです。

Q

どうすれば部員が増えるの？

A

部員を増やす方法に近道はありません。もっとも効果が高いのはお母さんたちの情報網などの口コミ。そのためには今いる子どもたちの指導に全力を注ぐこと。練習体験会は暑さが本番を迎える前の5～6月や暑さが和らいだ10月以降がオススメ。SNSやホームページも上手に活用しましょう。

チーム運営で多くのチームが直面する問題が選手の確保です。まず、部員を増やす方法でもっとも効果が高いのは間違いなく口コミ。お母さんたちの情報網、口コミの力は想像以上です。実際にチームに所属している子どものお母さんが、ママ友３人とランチに行ったとします。子どもの習い事の話題になって、「うちの子どもは多賀少年野球クラブに入って週末に野球をするのを楽しみにしているし、どんどん上手くなっている。野球を始めてから、普段の生活で考えて行動するようになった」と話したら、１週間後には50人のお母さんの間で「子どもに野球をやらせるなら、多賀少年野球クラブがオススメらしいよ」と評判になります。つまり、部員を増やす一番の方法は、今チームにいる子どもたちの指導に全力を注ぐことです。近道はありません。

部員を増やすため、ほとんどのチームで練習体験を行っていると思います。私たちのチームでもやっていますが、大切なのは指導者が１００％の力で子どもたちに野球の楽しさを伝えるということです。20％、30％の力で教えるのであれば、効果はゼロに近いです。中途半端にエネルギーを使うのは時間の無駄になるので、体験会自体をやらない方が良いと思います。

練習体験を強化する時期を絞るのは、１つの方法です。保護者が子どもに野球をやらせてみようかなと考える時期は年に2回あります。いつだと思いますか？　1回目のピークはゴールデンウィーク明けから7月上旬、2回目は10月から12月までです。理由は暑い時期に体験に行っても、子どもが野球を好きにならないと保護者が考えているからです。5月になると子どもは新しい学年の学校生活に慣れてきます。外で動くのが嫌になる真夏を迎える前に、野球を経験させてみようとなる保護者が多いです。10月から再び体験希望者が増えるのも、暑さが和らぐからです。年間を通じてダラーッと練習体験会を行うのであれば、体験希望者が増える時期に力を集中する方が効果を期待できます。

練習体験は子どもたちに楽しんでもらうのは大前提です。私たちは、チームに入れば子どもは野球が上達し、野球を通じて考える力が身に付くと保護者に感じてもらえる内容にしています。2時間で打撃、守備、走塁全てを体験できるメニューも意識しています。父親は野球が好きで子どもにやらせたいと思っている人が多いですが、母親は習い事を教育の1つとして見る傾向があります。少年野球チームに付加価値を求めているわけです。そして、子どもの習い事の決定権を持つのは、ほとんどの家庭で母親です。選手を増やしたチームは、いかに母親にアピールできるかがカギになります。

チームを立ち上げたばかりの頃、私も部員集めに苦労していました。当時はSNSで情報発信する時代ではなかったので、新聞の折り込みチラシで部員募集や練習体験の案内をしていました。何年か繰り返していると、10月と11月に体験希望者が急に増えると気付きました。その理由を考えた結果、毎年9月の第1週と第2週に小学校の運動会が行われている影響ではないかと結論を出しました。私は運動会で少年野球チームに入っている子どもが活躍して、その姿を見た保護者が「うちの子にも野球をやらせよう」と考えているのではないかと予想しました。

しかし、予想は外れました。実際に体験に来た保護者と話をすると、親同士がコミュニケーションを取る場が運動会だったんです。同じ地域に住んでいても、普段はじっくり話す機会はありませんが、運動会は丸一日一緒にいるので会話が弾むそうです。子どもに関する会話の中で、野球チームで練習体験会を行っているという話題になるんです。それを知ってから、私は運動会前にチラシを入れる戦略を立てました。

例えば、飲食店がメールマガジンやアプリでランチや弁当の割引き情報を送る時、多くの人がお昼ご飯に何を食べようか考える午前11時前後が最も効果を期待できます。夜8時に送ったり、平日限定のクーポンを土曜日に送ったりしても、お客さんの反応は薄くなります。タイミングを間違うと、せっかくの努力や費用が無駄になってしまいます。

今は運動会が保護者の情報交換の場ではなくなっています。ＳＮＳを活用しなければ、チームの存在が保護者の目に留まりません。多賀少年野球クラブはInstagramやLINE、Facebookで情報発信しており、ホームページをつくったのは２００４年でした。当時、ホームページのある少年野球チームは、ほとんどありませんでした。多賀町は人口７０００人余りの小さな町です。子どもを集めるには限界があります。早くからインターネットを有効活用している効果もあって、私たちのチームには多賀町以外からも多くの選手が集まっています。

InstagramやTikTokといったＳＮＳは気軽な情報発信に向いています。それに対し、ホームページはチームの信用につながります。私はＳＮＳがチームを知るきっかけとなり、ホームページは詳しく説明する役割があると思っています。だからこそ、情報更新をしないのであればホームページを持たない方が良いです。活動しているのか分からないホームページは、選手を集めるには逆効果です。部員を増やしたいと考えているチームは戦略を練って勧誘活動し、今チームにいる選手を大事に育ててください。

Q

移籍する選手はいない？

A

近年はチームを辞める選手、移籍する選手はほとんどいません。ただし、家庭の事情や考え方でチームを離れることもあります。そんな事情も、指導者はしっかりと理解して「辞めやすいチーム作り」をすることも大切です。それが結果として、チームを魅力的にし、選手が「辞めたくない」と思うチーム作りにつながるはずです。

野球の競技人口が激減する中、多賀少年野球クラブは部員が大幅に増えています。選手を厳しく指導していた頃は全学年を合計しても毎年25人前後で、チームを離れる部員も結構いました。チームを辞めていくのは、大半が小学4年生までの子どもたちでした。

近年はチームを離れていく選手は、ほとんどいません。部員が110人を超えた直近の1年は1人も辞めていません。選手に序列をつけてチームを2つに分け、実戦経験を増やす方針転換が保護者に賛同されていると捉えています。レギュラーを目指すだけではなく、控えでも多賀少年野球クラブで知識や技術を吸収して中学や高校に生かそうと選手や保護者が考えているのだと思います。ありがたいことに、練習体験に来た子ども約9割が入団してくれています。

チームを退団して移籍する選手はかなり少ないのですが、2021年、多賀町外から来ていた2人の5年生がチームを離れていきました。理由は2人とも同じでした。5年生になると、自分の今の力がチーム内でどれくらいなのか把握できるようになります。当時はトップチームをレギュラー組のAと控え組のBに分けず20人のメンバーで動いていたこともあり、レギュラーと控えで試合経験の差がありました、その2人は平均的な小学5年生よりは十分に能力がありました。ただ、多賀少年野球クラブではレギュラーに入るのが厳しい状況でした。

保護者も現状を理解しており、小学校最後の1年間はレギュラーでプレーできる地元のチームで野球をさせたいと申し出てきました。決して多賀少年野球クラブが嫌になったわけではないので、チームを離れる時には感謝されました。私は2人が移籍するチームの監督に「これから、うちの選手がお世話になります」と電話して、どんなタイプの選手か、どのような長所を持っているのかを伝えました。うれしいことに、2人は新しいチームでエースになってチームを引っ張りました。

もちろん、選手の移籍には寂しさがあります。チームの作戦や選手同士で出し合うサインが流出するリスクもあります。若い頃は選手がチームを離れていくと「自分の指導が悪かった」と落ち込んで反省しました。ただ、子どもたちが野球を続けてくれるのであれば、チームはどこでもいいんです。移籍するということは、指導者として選手に野球の楽しさを伝える役割を果たせたと考えるようになりました。

うちのチームの選手たちも移籍した仲間の考え方を理解しているので、何のわだかまりもありません。試合会場で会えばワイワイ話をしたり、一緒にお昼ご飯を食べたりしています。今は別々のチームでも、多賀少年野球クラブで野球の楽しさを知った仲間なのは変わりありません。私も移籍した選手を見つけたら声をかけて、近況を聞いています。

部員を増やすには〝辞めやすいチーム作り〟が大事だと考えています。練習体験に来た保護者には「嫌になったら、いつでも辞められますよ」と伝えています。いつでも辞められると思うと、保護者が子どもをチームに入れるハードルが低くなります。結果的にチームに入る人が増えるわけです。「お願いなので、うちのチームに入ってください」と頭を下げられたら、何があってもチームを抜けられなさそうで、入団をためらってしまいます。いつでも辞められるチーム、移籍を希望する選手を快く送り出すチームが増えたらいいなと思っています。

少年野球の移籍制度に関しては、昨年ようやく全日本軟式野球連盟が改革に乗り出しましたが、悪しき習慣が長年残っていました。これまでは「基本的に特別な理由がない限り、年度内の移籍登録はできない」というルールがありました。つまり、指導者のやり方に耐えられないなどの理由で4月にチームを離れた選手は、その年度の3月まで1年近く、どこのチームにも所属できません。

さらに、新しいチームに移籍したとしても、在籍していたチームが移籍選手の登録を抹消しなければ二重登録となって、その選手は試合に出られません。実際、移籍する選手への嫌がらせや、これ以上選手を移籍させない〝見せしめ〟として登録を抹消しないチームもありました。子どもたちの選択肢は2つ。居心地が悪くてもチームに残って野球を続けるのか、野球を辞めるのか、苦渋の選択を迫られます。

多賀少年野球クラブにも、元々所属していたチームで嫌な思いをして移籍してきた選手がたくさんいます。まず、絶対に勘違いしてはいけないのは、子どもたちはチームの所有物ではないということです。子どもたちを縛り付ける権利も、野球を奪う権利も指導者にはありません。社会では辞めたいのに退社を許さない会社をブラック企業と呼んでいます。退社できない企業には必ず問題があります。少年野球で移籍を許さないチームも同じです。移籍制度は野球人口減少の一因にもなっていたと思います。事実上、移籍を認める全日本軟式野球連盟の改革で、少年野球の悪しき習慣がなくなることを願っています。

Q

当番制はある？
保護者の役割は？

A

当番は数カ月に一度、担当が回ってくる「救護係」だけです。ただ、当番ではなくても練習を見学する保護者の方が大勢います。子どもの成長に、親の協力が不可欠なのは間違いありません。大切なのは、保護者の方が「チームに協力したい」と思ってもらえるような魅力あるチームを作ることです。

多賀少年野球クラブでも、試合や練習の準備、審判やスコアは保護者の協力が欠かせませんが、いわゆるお茶当番や、お父さんが指導するパパコーチはいません。遠征などはチーム専用のバスで移動するので、一般的に言われている当番制とは違いがあります。ちなみに先にも触れた通り、現在使っているチームバスはクラウドファンディングで購入し、最初に買ったバスは私の自腹です。

当番制がないにもかかわらず、私たちのグラウンドには多くの保護者がいます。グラブ持参で練習をサポートする人、球拾いをする人、来客にお茶を出す人、練習を見ながら動画を撮る人など様々です。保護者の数が多くて、その日の救護係2人が誰なのか分からないと思います。私は一切、強制していません。ありがたいことに、多賀少年野球クラブには保護者の協力が伝統になっています。特に、練習時間を短くしてからは子どもを車で送り届けて、そのままグラウンドに残る保護者が増えました。

おそらく、うちのチームで当番制を取り入れても、部員の数は減らないと思います。当番制を理由にチームに入らないのは、そのチームに当番以上の価値がないからだと私は思っています。楽しそうに野球をして、どんどん上達していく我が子を見れば、できる範囲でチームに協力しようと感じるはずです。チームの活動や指導者の方針に不満があるから、当番を苦痛に感じるのだと思います。

私は子どもたちの成長に保護者の支援は不可欠だと考えています。保護者が練習に顔を出す頻度は、子どもの上達と比例します。座学でも普段の練習でも、子どもたちに説明する時は保護者にも集まってもらい、動画の撮影も勧めます。翌週の練習までに子ども1人で自主練習するのか、保護者が練習で見聞きした内容を子どもと一緒に復習するのか、上達のスピードは変わってきます。グラウンドでは、できるだけ私の近くで練習の補助をしようとする保護者もいます。私に媚びても何の得もないのは分かっているので、選手にどんなアドバイスをするのか聞いて、自宅で子どもとの復習に生かしているのだと思います。

このように多賀少年野球クラブには積極的にチームをサポートしてくれるお父さん、お母さんが多いです。子どもたちを支える上で、いくつかお願いしていることもあります。例えば、試合が近い時期に技術的な指摘は避けてほしいと伝えています。試合で活躍してほしいという気持ちは分かります。ただ、試合中に選手が考えるべきは自分の打撃や投球のフォームではなく相手チームです。フォームを気にし過ぎるとペースが狂ってしまい、かえって力を発揮できずに終わってしまいます。

自宅での声かけにも注意が必要です。子どもに自主練をしてほしいと思った時に、「外でダッシュしてこい」というような言葉は最も使ってほしくない表現です。「ダッシュしてこい」には、「勝手に」という意味が含まれているからです。子どもたちは「勝手にダッシュしてこい」と言われている気持ちになります。

ダッシュをしてほしいのであれば、「タイムを計るから外でダッシュやろうか」というように声をかけるように伝えています。ダッシュ10本とノルマを課すよりも、1本1本のタイムを計測した方が質の高い練習になります。子どもたちは集中するので、あっという間に10本に到達します。速く走る方法を試行錯誤して、設定した本数以上に自ら走るかもしれません。「○○してこい」、「○○しなさい」というような強制や命令で行動させても効果は薄いです。やらされる練習は怪我のリスクも高くなります。どんな言葉なら子どもたちを動かせるのか、楽しみながら考えてみてください。

Q

多賀の選手は緊張しない？
メンタルの鍛え方は？

A

多賀少年野球クラブの選手たちは、他のチームや大会関係者から「メンタルが強い」とよく言われます。そして、「多賀の選手は緊張しないんですか？」、「どうやってメンタルを強化していますか？」と聞かれます。チームではメンタルトレーニングはしていませんし、メンタルは鍛えようがないと私は考えています。

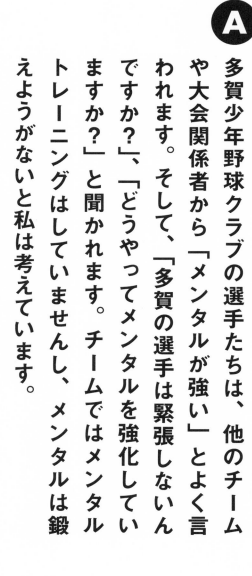

試合に強い選手は、確かにいます。ただ、メンタルの強さや弱さは持って生まれたものだと感じています。うちの選手たちが試合で緊張せずに力を発揮できるのは準備をしているからです。緊張する一番の要因は「知らないこと」です。就職試験や会社の研修を思い出してください。最初の面接や研修初日は心配で寝られなかったり、予定の時間よりかなり早く現地に到着したりする経験があると思います。初めて行く場所、初めて会う人など知らない要素が多いほど、人は緊張します。ところが、2度目の面接や研修2日目になると分からないことが減るので、緊張は和らぎます。知っている情報が増えると準備できることが増えて、不安要素を減らせます。気持ちの余裕につながります。

メンタルが弱い、本番に力を発揮できないと言われる人の大半は、予測や準備の不足が原因だと思います。多賀少年野球クラブは普段の練習や練習試合（総合練習）で徹底的に想定外を潰します。試合では次の動き、さらに次の次の動きが分かっているので不安がありません。私は野球に過度な緊張する場面はないと思っています。野球を熟知すれば、知らないことは何もないからです。

野球ではメンタルや気持ちが強調され過ぎる傾向があります。ピンチをしのげなかった投手が「メンタルの弱さが出ました」と反省したり、指導者が「気持ちの弱い部分がある」と指摘したりします。私は、ピンチの場面を想定した練習や技術が不足していただけと捉えています。

過去に準備の大切さを実感した出来事がありました。小学4年生の大会でA君とB君、2人の投手を起用しました。A君は練習の参加率が高く、肩の強い選手でした。B君はあまり練習に参加できていない選手で、平均より少し肩が強いくらいでした。大会に登板した2人の姿は対照的でした。A君は緊張からストライクが入りません。私が「恐る恐るストライクを取りにいかなくても大丈夫。普段通りビシッと投げればいいから」と声をかけても修正できませんでした。一方、B君は自信満々に力のあるボールを投げ込んでいました。この試合の結果を見ると、メンタルの強い、弱いが原因だと思われがちです。

しかし、理由は明確でした。A君は肩が強いので投手を問題なくできると判断していましたが、普段の練習で投手の練習をしていませんでした。対してB君は平日や練習に参加できない土日にお兄ちゃんと投球練習をしていました。つまり、準備に大きな違いがありました。このことを知った私は試合翌日、A君に「ちゃんと練習していないのに試合で投手をやらせてしまってごめんな。きょうから投手の練習をやっていこうと」と謝りました。

この試合以降、私はA君に投手に必要な技術を教えて、練習する時間を設けました。セットポジションからのクイックや牽制、アウトコースへのコントロール、打者のタイミングを外すスローボールなどのメニューを繰り返していくうちに、A君の表情は明らかに変わっていきました。試合に臨むには、どんな準備が必要なのか見えてきたのだと思います。実際、その後の試合では自信を持ってストライクを投げ込んでいました。A君は決してメンタルが弱い選手ではなかったわけです。練習で準備をしていれば試合で過度に緊張せず、普段通りのプレーができます。

メンタルに関しては、最近興味深い出会いがありました。今年3月にテレビ朝日の報道ステーションで多賀少年野球クラブのVTRが流れました。その中で、私が全国制覇した時をイメージして先に喜ぶ練習を取り入れていることが紹介されました。この放送を見た視聴者の間で「予祝だ」、「少年野球チームで予祝をやっている」と話題になったそうです。それを周りの人から聞いた私は「よいわいって何?」と初めて聞いた言葉をスマートフォンで調べました。検索すると、未来に実現したいことをイメージして先に喜んで、目標を達成するメンタルトレーニングの1つでした。

私は今までに一度もメンタルトレーニングに興味を持ったことがありません。喜ぶ練習は、2017年に怒声罵声を全面的に禁止し、楽しい野球に指導を転換した時に私が思い付いたものでした。当時、子どもたちに野球を楽しもうと言っても、子どもたちは楽しさや喜びを表現できませんでした。例えば、試合に勝っても相手チームの気持ちを推し量っているのか、感情を表に出しませんでした。喜びを派手に表現しない方法が染みついていました。私たち指導者が、チーム内で感情を押し殺す雰囲気をつくっていたのかもしれません。

本来、子どもはうれしい時に喜んで、悔しい時に悲しむのが自然です。思うままに感情を表現すればいいはずです。もし、うちのチームが試合に負けて、相手チームが喜びを爆発させても、私たちは全く不快には感じません。私は子どもたちに当たり前の感情表現を取り戻してもらおうと、喜ぶ練習を始めました。すると、チームに活気が生まれてきました。今では、練習や試合を見ていただければ、選手のノリの良さが伝わると思います。

こうした経緯で取り入れた喜ぶ練習なので、メンタル強化の狙いはありません。ところが、予祝をしていると話題になり、さらに驚く出来事がありました。予祝の推奨で有名なメンタルトレーナーの大嶋啓介さんや関係者の方が報道ステーションを見ていたらしく、私のところへ連絡がありました。すぐに会いたいというお話でした。大変失礼ではありましたが、その連絡で初めて大嶋さんを知りました。

大嶋さんが講演会で大阪に来た際、一緒に食事をしました。私の考え方や普段の練習について伝え、大嶋さんから予祝について詳しくお話を伺いました。大嶋さんはメンタルトレーナーとして、私は少年野球の指導者として、アプローチの方法は違いますが、行き着いた考え方は共通していました。私が取り入れた喜ぶ練習はパフォーマンスアップに効果があると、専門的な視点から証明された形です。大嶋さんの話を聞いて、自分のやってきたことが間違っていなかったと自信を深めました。

私がメンタルは必要ないと言ってきたのは、メンタルに偏るべきではないという意味です。試合で活躍するために必要なのは、技術やテクニック、判断力を磨き上げる練習です。メンタルトレーニングにすがり、気持ちの持ち方で何とかしようとするのは間違いだと考えています。新たにメンタルトレーニングを取り入れるというよりも、今まで通りの練習メニューにメンタル面も溶け込んだ声かけの工夫によって、試合で力を発揮できる選手を育てていくつもりです。そして、選手を育成した上で、大嶋さんとの出会いを通じて得た知識を今後、活用していく考えです。

Q

練習中の声出しなどは、どんな指導していますか？

A

少年野球の定番でもある「バッチコイ」「ストライク入れていけ」といった声出しはしません。大事なのはプレーに結びつく言葉を発することなので、意味のない声出しはする必要がない。「声を出すこと」が目的ではなく、なぜ声を出すのか、どんな言葉を発する必要があるのかを選手たちにも指導しています。

声の出し方や挨拶の指導についても、よく聞かれます。多賀少年野球クラブの選手は、そんなに大きな声を出しません。ただ、それは選手たちに元気がないわけではなく、意味のない声を出していないだけです。昔から定番となっている守備の選手が打球を呼ぶ「バッチコイ」や、投手に向けた「ストライク入れていけ」といった声は出していません。チームを盛り上げる効果はあるかもしれませんが、大事なのはプレーに結び付く言葉を発することです。指導者に言われた通り、ただ機械的に声を出す選手は、声を出す行為が目的になってしまいます。

多賀少年野球クラブでは声を出すポイントは3つだけです。時系列で並べると「準備・予測」、「指示」、「反省」の3つになります。全ての声に意味があり、プレーに直結します。

最初の「準備・予測」は今の場面で何を優先するのか、どんなプレーを避けなければいけないのかなどを選手同士で共有します。風向きや相手打者の傾向を考えてポジショニングを変えたり、どんな打球が飛んできそうなのか指摘したりする時もあります。グラウンド全体に響き渡るほど大きな声を出す必要はありません。二遊間だけで意思疎通すれば問題ない内容なら、2人が聞こえるボリュームで話せば十分です。

2つ目の「指示」は、仲間に自分の意思や求める動きを伝えるために出す声です。例えば、守備で遊撃手の後方にフライが上がった時、遊撃手が「ＯＫ」と周りに意思表示したり、三塁手や左翼手が遊撃手の名前を呼んで「任せた」と伝えたりするケースです。バント処理する投手に対して、捕手や内野手が「セカンド」、「ファースト」などと送球するところを教えるのも指示の声にあたります。中継のカットプレーでも指示の声が飛びます。

3つ目の「反省」は、ミスが出た時に出す声です。カバーリングが遅れた時、どの動きや判断に問題があったのか確認します。声に出して意識を共有することで、同じ失敗を繰り返さないようにする狙いがあります。ミスした選手は落ち込むことはないですし、他の選手が責めることもありません。

他のチームの指導者からは「選手に声を出させるには、どうしたら良いですか？」と質問されます。私は、声を出さない選手は何を言葉にするのか分からないケースが多いと感じています。野球を知らないことが要因になっていて、声を出したくても出せないわけです。

私たちのチームには移籍してきた選手がたくさんいます。打つ、投げる、走るといった動きの能力は高くても最初は声が出ません。それは多賀少年野球クラブのスタイルを理解していないからです。戦術や戦略が分かってくると声が出てきます。声を出す選手は自分が次にすべき動き、さらには自分が直接関わらないプレーにも注意を向けています。普段はおとなしいタイプの選手でも野球が分かってくると、だんだんと声が出るようになります。

声が出ていない選手に「声を出せ」と言っても効果はありません。指導者が選手に教えるべきことは野球の競技性や仕組みであり、準備や予測をするための知識です。野球は投手と打者による個人の戦いという面と、戦略の実行や連携のようなチームでの戦いが融合したスポーツです。チーム力を上げるには仲間との意思疎通は不可欠です。「準備・予測」、「指示」、「反省」の3つの声が出ているチームは強いと断言できます。

声出しと挨拶は似ている部分があります。目的を達するための手段にするのは非常に有効ですが、挨拶自体を目的にして強制するチームは意外と多いです。指導者や保護者から「大きな声で挨拶しなさい」と教えられて、理由も分からずに実行している子どもは、病院の中でも同じように大声で挨拶してしまうかもしれません。機械的に挨拶された方は、声が大きくても、そこまで気分良く感じないと思います。大事なのは挨拶に込めた気持ちです。

グラウンドに挨拶する少年野球の常識にも疑問があります。施設や設備に「お願いします」、「ありがとうございました」と挨拶することに、どんな意味があるのでしょうか？　皆さんは通勤する時、道路や会社の建物に「お願いします」と頭を下げますか？　駅員さんや会社の守衛さんに挨拶するのは分かります。少年野球でも怪我なくプレーできたことに感謝するのであれば、グラウンド整備をしてくれた人に感謝の気持ちを伝えるべきです。野球場には神様がいると主張する人には、「いませんよ」と伝えています。

同じ考え方から、私は必勝祈願や願掛けもしません。もし、「甲子園に行きたい」、「レギュラーで試合に出たい」という目標があるのであれば、指導者や保護者は、そのためにどうするのかを子どもに考えさせる必要があります。私は、子どもたちから目標や希望を聞いた時は、「じゃあ、どうする？」と聞いています。お賽銭を投げて手を合わせても、短冊に願いを込めても、目標は達成できません。

私は挨拶を否定しているわけではありません。大切さを知っています。でも、子どもたちに「挨拶しなさい」とは言いません。代わりに、なぜ挨拶した方が良いのかを説きます。例えば、

「もしも、知らない人に道を尋ねられた時、いきなり話しかけられたら驚くよな？　でも、笑顔で元気よく『こんにちは』と挨拶されてから話しかけられたら、どうだ？」と聞きます。すると、子どもたちは練習試合で対戦する相手選手や保護者に自然と挨拶するようになります。さらに、挨拶した相手から褒められたり、元気な挨拶が返ってきたりするとうれしくて、いつの間にか習慣になっています。挨拶はコミュニケーションの入口であり手段です。強制するのではなく、目的や大切さを伝えれば、子どもたちは納得して行動に移すはずです。

Q

出場する大会を選ぶ理由は？

A

出場する大会が多すぎると、勝てば勝つほどスケジュールが過密になり、集中力が分散してしまいます。多賀少年野球クラブでは5年生が年間3つ、6年生が4つと出場する大会を決めて、そこに向けてチーム作りをしています。また、大会によってレギュラーを起用したり控え中心のオーダーを組むなど、選手たちにできるだけ実戦を経験させることも意識しています。

一部の人から「偉そう」と批判される時があるのですが、私たちは出場する大会を絞っています。6年生中心のトップチームが参加する大会は年間4つ、5年生と4年生は3つずつです。市長杯や招待試合などのローカル大会には出場していません。これは、最大の目標としている「高円宮賜杯全日本学童軟式野球大会マクドナルド・トーナメント」の優勝、つまり日本一を達成するためです。マクドナルド・トーナメントの大会は夏休みの8月上旬に行われ、滋賀県代表を決める予選は4月上旬から5月中旬にかけて実施されます。

マクドナルド・トーナメントでは、予選も含めて勝つためにベストメンバーを組みます。それに対し、他の大会は必ずしもレギュラーを起用しません。色んな選手に公式戦の経験を積ませるためです。私たちが滋賀県の大会で優勝を目指すのは、県代表を決めるマクドナルド・トーナメントの予選だけです。過去には今よりも多くの大会に出場していた年もありました。ただ、照準はマクドナルド・トーナメントに定めているので、主力の体調を考慮して小学6年生の大会で5年生以下の選手中心でチームを編成したり、疲れがたまらないように選手を次々に交代させたりしていました。中には、「やる気がない」と怒ってしまうチームや関係者もいたので、それなら最初から大会に参加するのをやめようと考えました。決してやる気がなかったわけではありません。

継続して強いチームをつくっていくためには、出場する大会の数が多すぎるのはデメリットがあります。優勝を目指すよりも選手に経験を積ませる場といっても、試合をすれば指導者も選手も本気で勝利を目指します。連戦や移動が続けば選手には疲れがたまって怪我をするリスクが高くなりますし、出場する大会が増えれば選手も指導者も集中力が分散してしまいます。

多賀少年野球クラブには幸い、いつでも練習試合ができるホームグラウンドがあります。練習試合の相手はチームの公式ホームページで随時、募集しています。相手を招いて試合をすれば、移動時間はありません。3時間あれば2試合組めます。練習試合で見えた課題を、試合後すぐに練習して修正できる大きなメリットもあります。マクドナルド・トーナメントに出場して、さらに全国制覇を狙うには参加する大会を絞る方法が今の段階ではベストだと考えています。このような考え方は参加を辞退する大会の主催者に説明しているので、今は理解を得られていると思っています。

第4章

他チームの指導者から見た多賀少年野球クラブ

辻監督の指導法、ここがすごい！

辻さんのおかげで、それまでの昭和スポ根から脱却日本一にもなれました

中条ブルーインパルス監督・倉知幸生さん

倉知幸生（くらち・こうせい）

1972年、石川県生まれ。津幡高校から佐川急便北陸支社に進み、内野手として活躍。現役を退いた2008年に長男とともに中条ブルーインパルスに入り、コーチを経て2010年から監督。3度目の出場となった2022年のマクドナルド・トーナメントでチームを初優勝に導いた。

おとなにも子どもにも響く言葉選び

辻さんと初めてお会いしたのは、２０１６年の冬でした。その年、多賀少年野球クラブは全国スポーツ少年団軟式野球交流大会で優勝し、私たちのチームは創部して初めてマクドナルド・トーナメント出場を果たしたころでした。当時から全国大会常連だった多賀少年野球クラブを相手に腕試しをしたくて、辻さんに連絡しました。ホームページに連絡先が記載してあったので勇気を持って連絡すると、快く練習試合の日程を調整してくださいました。多賀町に伺って3試合行い、うちのチームが勝ち越しました。すると、辻さんから「もう一度、試合を

やらせてほしい」と言われ、年が明けた2か月後に再び練習試合をしました。自信を持って臨みましたが、結果は完敗。たった数か月でチームが激変していたことに驚かされました。

多賀少年野球クラブのように強いチームをつくりたいと思い、この時から毎年、練習試合で多賀町へ遠征しています。今でもはっきりと覚えているのは初対面から2年後、辻さんが別人のように変わっていた姿です。笑顔で指導し、子どもたちも生き生きと楽しそうにプレーしていました。この頃、辻さんとお酒を飲む機会がありました。少年野球の指導についてお話を伺う中で、私が自分の指導を見直すきっかけになった言葉があります。

「監督が選手を動かしたり、選手を怒鳴ったりする指導は終わりにしないといけない。俺を見て何か感じたのであれば、今までの指導を変えないと」

私は当時、自分が指導を受けた高校野球の延長で、いわゆるスポ根と言われる指導をしていました。監督の言うことは絶対で選手を厳しく指導し、攻撃でも守備でもサインを出して選手を駒のように動かしていました。練習は十分にしているはずなのに、今一つ強くなり切れないチームの状況に悩んでいました。楽しそうにプレーする多賀少年野球クラブの子どもたちを見て「これはいいな」と感じて、自分も指導の仕方を変えようと決意しました。そうは言っても、何からやっていいか分からなかったので、辻さんを観察して見よう見まねで、楽しさと強さを両立するチーム作りへ少しずつ変えていきました。辻さんには「指導に改善点があると気付くのは前進、気付いて変化できれば最高。何も気付かないのが一番駄目」と言われました。

辻さんからノーサイン野球のヒントをいただき、今は自分のチームでも取り入れています。私から選手には、ほとんど指示を出していません。選手同士でサインを出しています。4年生以下の選手にはサインを出して戦術や戦略を学んでもらい、5、6年生になったら選手だけでやってみる形です。練習試合で経験を重ねて、必要があれば私が選手にアドバイスしています。ノーサインにしてから選手たちは楽しそうに野球をするようになりました。選手間で話し合う時間は増えましたし、声が自然に出るようになりました。練習では自主的に課題に取り組み、考える習慣がついてきました。結果がついてくると、楽しさが大きくなって、もっと上手くなりたいという気持ちが芽生えるのだと感じています。

辻さんのすごさは、子どもにも大人にも響く言葉選びや周りを引きつける力にあります。特に、幼児の指導では、目線を子どもたちと同じ高さまで下げて一緒に楽しんで練習を盛り上げています。子どもたちを乗せるのが本当に上手いと感じています。辻さんと同じような指導をすれば必ず結果が出ます。でも、全く同じにはできないので、どうやって近づけるかを考えています。多賀少年野球クラブへ遠征に行く時は、試合よりも辻さんの動きばかり見ています。子どもたちへの声のかけ方や接し方を1つでも吸収したいという気持ちからです。

最近は辻さんをまねて、関西弁で子どもたちと接する時もあります。野球初心者の子どもに、辻さんのように「天才やな！」と声をかけることもあります。少年野球の常識に捉われず、今のやり方以上の方法を常に探している向上心にも刺激を受けて参考にしています。私が昭和のブラック指導から、野球を楽しんで上手くなる指導へ転換できたのは、間違いなく辻さんとの出会いがあったからです。永遠の師と仰いでいます。

昨夏のマクドナルド・トーナメントで、中条ブルーインパルスは初優勝しました。ただ、たまたまです。選手が毎年入れ替わる中でも、多賀少年野球クラブのように継続して強いチーム、選手が自ら考えて野球を楽しむチームを目指しています。指導者としては辻さんという大きな目標があります。辻さんは立ち止まることなく、常に今よりも優れた方法を見つけようと走り続けています。なかなか距離を縮められませんが、その背中を追い続けたいと思っています。

辻監督の指導法、ここがすごい！

独自の指導をアップデートさせ、結果を残し続ける指導者にとっての〝先生〟

北名古屋ドリームス総監督・岡秀信さん

選手が入れ替わる少年野球で結果を残し続ける凄さ

辻さんと知り合って10年以上経ちました。共通の知り合いを介して、２０１１年に多賀町で主催する大会に参加させてもらったことがきっかけでした。多賀少年野球クラブの選手は全体的に小柄で、対戦前は「本当に全国大会に出るようなチームなのかな」という印象でした。ところが、試合が始まると、選手の上手さに驚かされました。野球をよく知っていて、小学生とは思えないほど細かいところまで正確にプレーしていました。私たちのチームの方が得点チャンスを多くつくったにもかかわらず、２－３で敗れたと記憶しています。

岡秀信（おか・ひでのぶ）

1969年、愛知県生まれ。滝高校でエースを務め、卒業後は社会人軟式の大森石油でプレーした。2000年から少年野球の指導者となり、2006年に3チーム合併で誕生した北名古屋ドリームスでも監督を務める。2021年にはマクドナルド・トーナメントでチームを準優勝に導いた。

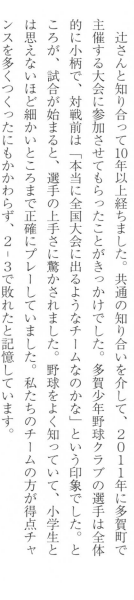

多賀少年野球クラブは今では選手が110人を超え、私たちの北名古屋ドリームスも70人以上に増えました。しかし、当時はお互いに選手の数を増やせず苦労していました。その少ない人数で、なぜ辻さんは強いチームをつくれるのか興味を持ったことが、辻さんと親しくさせてもらう始まりでした。選手の人数が増えた今でも、毎年のように練習試合をお願いしています。遠征に行くと試合の勝敗よりも、辻さんが選手にどんな言葉をかけているのかなど、チームづくりのヒントを得る方に集中しています。

辻さんの野球は、ピンチのしのぎ方とチャンスの刈り取り方に最大の特徴があります。守備ではピンチを招いても相手に得点を与えず、攻撃では少ないチャンスを確実に得点へつなげます。この点に関してピカイチなので、参考にしています。

守備面は、とにかくしつこい（笑）。例えば守備の牽制1つとっても、一般的なチームのパターンが2つくらいなのに対して、多賀少年野球クラブは次から次へと違うパターンを見せてきます。バリエーションが豊富なのでランナーが自由に動けなくなります。勝負どころの場面でも、うちのチームは何度もホームでアウトにされてしまいます。一方、多賀少年野球クラブの選手をアウトにできません。

私は人にアドバイスを求めるタイプではありませんし、辻さんとは年齢が近いこともあって一度も直接疑問をぶつけたことはありません。「なぜなんだ?」と答えを探して、ひたすら考えています。そのためには相手を知るところから始まるので、多賀少年野球クラブと練習試合をする時は、辻さんの動きや言葉を見逃さないようにしています。

同じ指導者として感じる辻さんの偉大さは、何と言っても実績です。世の中には素晴らしいことを言っている人は、たくさんいます。ところが、結果が伴っていないケースは多いです。辻さんは毎年子どもが入れ替わる少年野球で10年、20年と結果を出し続けています。決して体の大きくない選手たちを育て、しかも多賀町という人口の少ない地域で部員も大幅に増やしているわけです。指導者をはじめとする少年野球の関係者なら、そのすごさが誰でも分かると思います。

私たちのチームも選手の頭を鍛える指導を大切にしています。野球の考え方を身に付けるのは、打撃や守備といった技術習得と同じくらい重要です。辻さんが確立したノーサイン野球は、その理想形だと考えています。ただ、ノーサインの土台となるチームの決め事を徹底するのは、かなり難しいです。私たちも練習試合で時々ノーサインにしていますが、全国大会出場をかけた愛知県予選でノーサインにするまでには、まだ至っていません。

辻さんのすごさは、多賀少年野球クラブが最近本格的に始めた幼児野球にも感じています。私たちのチームも園児を受け入れていますが、カテゴリー別に担当の指導者がいます。小学2年生以下、小学3・4年生、小学5・6年生とチームを3つのグループに分けて、それぞれに担当指導者を置く形です。私は全体を統括する総監督の立場にいます。しかし、辻さんは全ての学年の選手を直接指導し、特に園児や野球初心者の指導に時間を割いています。まだまだ成長過程の幼児に野球を教えるのは想像以上に難しい中、飽きさせないように練習を工夫し、同じ目線で盛り上げる姿は同世代の指導者として、とてもまねできません。

辻さんは指導者の先生のような存在です。多賀少年野球クラブと練習試合する時は、どうやったら抑えられるのか、どうすれば点を取れるのかを常に考えています。ただ、打ち負かしたいという気持ちはありません。指導の引き出しを1つでも吸収したい思いが強いからだと思います。

ノーサインに象徴される考える野球や子どもたちが自主的に練習する工夫など、辻さんは現状に満足せず独自の指導をアップデートして結果を出しています。さらに、自ら情報発信もしています。メディアに出ることは本来、少年野球の指導者の仕事ではありません。手間や時間はかかるのに、批判される可能性もあるので、デメリットの方が大きいはずです。それでも、競技人口が激減している野球界の力になろうと、悩みを抱える他のチームの指導者のことも考えています。十分な実績があるのに、まだ新しいことに挑戦しようとする姿は、すごいなと尊敬しかありません。辻さんは私にとって憧れとも、ライバルとも違います。ただただ、すごいなという言葉以外にありません。

辻監督の指導法、ここがすごい！

常識に捉われず、想像を超えようとする姿勢が、指導の原点にある

真喜良サンウェーブ元監督・高良真助さん

高良真助（たから・まこと）
1979年、沖縄県生まれ。2022年8月まで15年間、石垣島の学童野球チーム「真喜良サンウェーブ」でコーチや監督を務める。2019年に全国スポーツ少年団軟式野球交流大会で準優勝。チームOBには西武の平良海馬投手がいる。

予想を完全に覆された試合

辻さんとの出会いは今でも忘れません。２０１４年に福岡県久留米市で開催された西日本学童軟式野球大会でした。準決勝で多賀少年野球クラブと対戦して、２－３で負けました。その試合の衝撃が大きすぎて、試合後に辻さんについて、ひたすら調べました。

点差は1点ですが完敗でした。長年、少年野球の監督を務めていると、試合後に「相手の戦い方は分かったから、もう一度対戦すれば勝てる」、「あの場面でミスが出なければ勝利でき

た」などと反省します。しかし、多賀少年野球クラブに敗れた後は「10回試合をしても一度も勝てない」と感じるくらい強烈な違和感がありました。

当時、私たちのチームは守備と走塁で勝ち上がってきました。多賀少年野球クラブの選手は体が細い選手ばかりで、しかも選手が10人しかいませんでした。私は「このチームに勝てる」と思っていました。ところが、予想を完全に覆されました。

辻さんが起用した先発投手は超スローボールを多投してきました。私たちのチームは内野ゴロと内野フライの連続で、4回くらいまでノーヒットに抑えられました。ただ、走塁に自信があったので、ランナーさえ出せば盗塁して得点できると思っていました。

ようやく、初めてのランナーを出した時でした。辻さんは、すかさず投手交代を告げました。中堅から2番手でマウンドに立った選手は、とにかくクイックと牽制が上手いんです。私たちのチームは盗塁どころか、リードさえ満足に取らせてもらえず、得意にしていた走力は封じられました。2得点できたのは、選手個人の能力で長打が続いたからです。チームとして積み上げた力で取った点数ではありません。私たちの戦い方は、辻さんに読まれていました。

この試合で驚いたのは、先発投手が初めてランナーを出した時、辻さんが迷わず投手を替えたことでした。当時の私のセオリーは、投手をできるだけ長いイニングまで引っ張って、崩れた時に次の投手へスイッチする戦い方です。相手の手を封じるための投手交代は考え付きませんでした。

他にも、深い内野フライでタッチアップされ得点され、ランナーの動きが全く予測できずに追加点を取られました。今までやられたことのない動きによる強烈なストレスを受けました。

この試合をきっかけに辻さんから野球を学ぼうと、石垣島から多賀まで練習見学をさせてもらったり、一緒に食事する機会をつくってもらったりしました。会うたびに、練習内容や考え方が進化しています。辻さんと1日一緒に過ごすと、「なるほど」と何度、口にするか分かりません。普段の生活で「なるほど」と使う場面は、ほとんどないんですけどね。それだけ、話に説得力があります。

沖縄県内にも〝辻イズム〟を浸透させたい

練習見学に行った後、参考にできるメニューは自分のチームに取り入れていました。打撃マシンを使った守備練習は、その1つです。フライもライナーもゴロも、マシンで効率良く練習できるメニューを辻さんはいくつも考え出しています。マシンを使えば、選手がグラブを構えたところへ正確にボールを出せるので、野球を始めたばかりの小学校低学年には特に効果的です。辻さんは「人間はノックでミスするけど、機械は失敗しない。疲れることもないし、罵声も発しない優秀なコーチ（笑）」と話していました。

ノーサインも一部、チームに取り入れていました。監督がサインを出さずに選手だけで戦略や戦術を考えるようになると、試合での選手の集中力が上がります。例えばノーアウト三塁の攻撃で、三塁ランナーと打者でサインを決めて実行したとします。プレーしているのは2人の選手だけですが、ベンチにいる選手も「どんな作戦を選ぶんだろう」と注目します。

その作戦にベンチにいる選手も納得すれば、チームとしてやってきたことが生きていると自信を深めます。別の作戦の方が良かったと思った時は、試合後に選手間で話し合います。失敗も成功も選手個人のプレーや判断で終わらず、チーム全体の問題として捉えるようになるんです。全員で同じ方向を見る雰囲気が生まれました。

保護者にも好影響があります。監督はサインを出さず選手たちが考えてプレーしていると知ると、それぞれの局面で選手がどんな判断をするのか注視します。スタンドから勝利を願うだけの応援とは変わってきます。

よく辻さんが使う言葉に「想像を超えていけ」というものがあります。練習見学に行った指導者は、想像を超える内容に驚かされます。練習体験に来た親子は口コミ以上の経験をします。辻さんは「口コミ通りだったね」で終わらせてはいけない。指導者には「口コミ以上」と感じさせる知識やスキルが必要と話しています。ノーサイン野球も令和の根性野球も、辻さん以外の指導者には思い付かない発想です。常識に捉われず、想像を超えようとする姿勢が、指導の原点にあると感じています。

私は辻さんのことを勝手に師匠と呼んで、愛弟子だと思っています。今は仕事の都合で石垣島から沖縄本島に引っ越して本格的な学童野球の指導からは離れていますが、近所の学童野球チームの練習に参加したり、高校野球のコーチなどをしたりしています。永遠の師と仰ぐ辻さんの背中を追い、沖縄県内のチームや子達にも〝辻イズム〟を浸透させていきたいと思います。

辻監督の指導法、ここがすごい！

相手心理を読む能力が高いだからこそ子どもたちに細かく戦術や戦略を教えられる

山田西リトルウルフ・棚原徹総監督

棚原徹（たなはら・とおる）

1967年、大阪府生まれ。2001年から山田西リトルウルフの指導者となり、2013年から総監督。2016年にマクドナルド・トーナメント出場。創設期から指導して80歳を超えた今もノックを打つ「おばちゃん」の愛称で親しまれる棚原安子さんは母親。

辻さんとの出会いは6年前の秋でした。私たちが大阪代表として出場した近畿大会の1回戦で、多賀少年野球クラブと対戦しました。当時から辻さんは超有名な監督だったので、「お会いしたかったです」と挨拶したのを覚えています。辻さんも私たちのチームを知っていてくれていたのが、うれしかったですね。

試合は1－1の引き分けで抽選となり、私たちのチームは敗れました。この試合は終盤まで1－0で私たちのチームがリードしていました。ところが、中堅手が平凡なフライを落球してしまい、同点に追いつかれてしまいました。

後日、エラーした中堅手の母親から私のところに電話がありました。自宅に辻さんから、キーホルダーと多賀少年野球部OBの楽天・則本投手のサイン入りカードが届いたという連絡でした。辻さんが住所を調べて「めげずに頑張れ」というメッセージと一緒に送ってくれたんです。その気配りと行動力に驚きました。

ここから辻さんとの交流が始まりました。新型コロナウイルス感染拡大前は、辻さんを含めて少年野球の指導者が10人くらい集まる飲み会に年1、2回参加しました。辻さんの話術や常に新しい知識や練習法を考える向上心を知って、決して選手の体が大きくない多賀少年野球クラブが勝ち続ける理由が理解できました。

私が辻さんと出会った頃は、昔ながらの厳しい指導ではなく、子どもたちと一緒に野球を楽しんでいました。ベンチでサインを出している場面は一度も見たことがありません。

選手たちは小学生とは思えない細かい野球をしていたので、最初は相手チームに気付かれないように辻さんがサインを出していると思っていました。後に完全ノーサインと知って、改めてすごい指導者だと驚きました。私を含めてほとんどの指導者には、少年野球でノーサインという発想がありません。サインを出す必要がないくらい選手に野球を教えていると説明を受けて納得したのを覚えています。

ノーサインはチームが目指す究極の形だと思います。監督と選手が同じ脳、または選手が監督の脳を超えれば可能です。私たちのチームも一部はサインを出さずに、選手個人の判断でプレーさせる部分があります。ただ、多賀少年野球クラブのように完全なノーサインはかなり難しいです。とことん指導者が子どもたちと一緒に考えて、子どもたちに考える大切さや楽しさを伝えられなければ不可能だと感じています。

辻さんに会った人は、大半の人が「いい人」と口にします。そういう人に、私は笑いながら伝えます。「勘違いしたら、あかんで」と。辻さんは生粋の八方美人で、天才的な話術を持った詐欺師ですから（笑）。

同じ少年野球の指導者として感じる辻さんのすごさは、心理を読む上手さにあります。相手チームの選手や監督の心を見透かして相手の裏をかき、相手の予想や常識を超える力に長けているからこそ、子どもたちに細かいところまで戦術や戦略を教えられるわけです。

以前観戦した多賀少年野球クラブの試合で、今もはっきりと覚えている場面があります。一塁に出塁したランナーが一歩もリードしていないんです。しかも、その選手に対して辻さんは何も言いません。すると、その一塁ランナーは、次の投球で相手投手がセットポジションに入ったと同時にスタートを切りました。

私たちのチームもそうですが、多くのチームは第1リードと第2リードの距離がある程度決まっていて、スタートの切り方にも約束事があります。多賀少年野球クラブは常識では考えられないプレーをします。ただ、そこには必ず根拠があります。

多賀少年野球クラブと試合をしていると、「何か仕掛けられるのではないか」と常に警戒します。そして、自分たちのペースで野球ができず、力を出し切れずに終わってしまいます。投手力や打力だけで見れば、多賀少年野球クラブを上回るチームは少なくないかもしれません。でも、野球の上手さは断トツです。

辻さんが相手心理を読む能力の高さは、指導にも生きていると思います。子どもたちをのせるのが、ものすごく上手です。どんな言葉をかければモチベーションが上がるのか、どんな工夫をすれば自主的に練習したくなるのか、どんな伝え方をすれば戦術や戦略を覚えたくなるのか。常に頭を働かせて指導しているはずです。

辻さんはユーモアがあっておもしろい方です。話をしていると勉強になります。ただ、詐欺師ということを忘れてはいけません。もちろん冗談です（笑）。

第5章

「脳サイン野球」から「令和の根性野球」へ

「楽しく！　強く！」の次のステージは「令和の根性野球」

多賀少年野球クラブは2011年から「世界一楽しく！　世界一強く！」を合言葉に掲げ、選手自らが考えて自主的に動く「脳サイン野球」を追求してきました。そして、今は別のステージに入っています。テーマは「令和の根性野球」です。

チームは毎年、新チームがスタートする秋から年末にかけたタイミングで保護者総会を開きます。私から保護者に翌年の目標や課題を説明する場です。昨年の保護者総会では、「多賀少年野球クラブは根性野球に戻ります。それから、選手の実力に応じてチーム内で序列をつけます」と話をしました。他のチームに先駆けて根性野球から脱却したにもかかわらず、指導方針は昭和の時代に逆戻りするのか。保護者は私の言葉が理解できず、当然ながら驚いたり不安な表情を浮かべたりします。私は、こう説明しました。

「目指すのは令和の根性野球です。選手にストレスをかけず、選手自らが困難に飛び込みたくなるように私たち指導者が導きます」

根性野球と言っても、指導者にやらされる練習、ひたすら耐えて成果を上げる昭和のやり方ではありません。きつい練習を乗り越えたら幸せが待っているという世界に引き込むのではなく、選手に根拠や効果を説明した上で、選手が自主的に動くように仕向ける新しい形の根性野球です。

すでに楽しく野球をするのは目標ではなく、当たり前になっています。もう意識する必要はないんです。子どもたちにも保護者にも指導者にも、ベースに楽しさがあります。チームが次へ進む段階にきていました。

次のステージに令和の根性野球と序列をつけた成果主義を定めたのは、昨夏のマクドナルド・トーナメントでの敗戦にさかのぼります。この年のチームは野球脳や判断力、テクニックや瞬発力が抜群で、全国制覇できる力のあるチームでした。しかし、結果は2回戦で敗退しました。敗因は明確。持久力不足です。主力に新型コロナウイルスの感染者が6人出てベストメンバーが組めなかったことに、周りからは「不運だった」と声をかけられました。ただ、私は6人のメンバーを欠いても日本一になる自信がありました。それくらい多賀少年野球クラブ史上、1、2を争うチーム力でした。

大会の1回戦は苦戦しながらも1点差で勝利しましたが、2回戦は前年度優勝チームの長曽根ストロングさんに2―4で破れました。マクドナルド・トーナメントが開催されるのは8月上旬。うちのチームの選手は炎天下で1試合戦う持久力、さらに連戦を勝ち抜く持久力が不足していました。

涼しい時期に1試合だけの試合であれば、どんなチームにも負けなかったと思います。炎天下のグラウンドに立った私たちのチームの選手たちは試合開始前から汗をかいて、軽いアップでも疲れていました。投手の球速や打者のスイングスピードは、イニングを重ねるごとに目に見えて落ちていました。120キロのスイングスピードがある選手というのは、1度のスイングで120キロを記録する選手ではありません。熱さや疲労がある中でも最終回の打席で120キロのスピードでバットを振れる選手を指します。投手も同じで、最終回に110キロ計測する投手が、最速110キロの投手と言えます。

長曽根ストロングスの選手たちは、基礎トレーニングをしっかりとやって、長時間の練習にも耐えてきました。最終回まで力が落ちませんでした。能力的には上だと思っていたうちの選手たちが試合が進むにつれ、どんどん力を落としていく姿とは対照的でした。

敗退したのは、私のチームマネージメントに原因があったと感じました。多賀少年野球クラブは短い練習時間で成果を上げる目標設定をしています。平日にチーム練習はありませんし、週末の練習も半日で切り上げます。練習メニューを工夫すれば、短時間で選手は成長すると実感していました。

5月上旬にマクドナルド・トーナメント出場をかけた滋賀県大会で優勝してからは、8月の本戦に向けて逆算した練習メニューを組み立てました。この時点で、選手は完璧に脳サイン野球を習得していましたし、頭で描いた戦略や戦術を表現する技術もありました。私は選手が故障せず、万全な体調で全国の舞台に立てることだけを考えていました。怪我さえしなければ優勝できる手応えがあったからです。

2回戦で敗退した選手たちは号泣し、試合会場の東京から地元の滋賀に戻るバスの中は静まり返っていました。バスの中で、コーチの1人からチーム方針の変更を打診されました。やる気のあるメンバーをしぼって鍛えたいという要望でした。6年生を中心にした多賀少年野球クラブのトップチームは、20人のメンバーがいます。年功序列ではなく実力主義なので、20人の中には4年生や5年生が入ることもあります。コーチは、この20人を2つのチームに分け、全国制覇できるようにレギュラー9人＋1人の10人を徹底的に鍛えたいと考えました。

序列のない時代だからこそ自分の順位を知る機会も必要

多賀少年野球クラブには現在、園児から小学6年生まで110人以上が所属しており、全ての選手や保護者がレギュラーや全国制覇を目指しているわけではありません。野球を楽しむことを優先する選手、中学や高校で活躍できる知識や技術を身に付けたい選手、レギュラーに入りたい選手、色んな考え方があるからこそ、110人を超えています。選手に序列をつけて選抜する方針への転換が保護者に受け入れられるのか、私には疑問がありました。

一方、20人のトップチームで活動することへの課題も感じていました。2回戦敗退の要因は持久力不足に加えて、実戦不足にもあったと考えていました。週末に練習試合を2試合組むと、1試合目はレギュラーメンバー、2試合目は控えメンバーが出場します。1日2試合といっても、実際には個々の選手が1試合しか出ていません。トップチームをAとBの2つに分ければ、別々の相手と練習試合を1日2試合組み、AもBも2試合ずつできます。選手は2倍の実戦経験を積めるメリットがあります。

私は基本的にはコーチの考え方に賛成でした。問題はチーム分けの基準です。コーチは「やる気がある選手」と言っていましたが、選手のやる気を正確に見極めるのは不可能に近いです。選手の中には表情や声に出さず闘志を内に秘めるタイプや、人の見えないところで努力するタイプもいます。コーチからは「平日の自由参加の練習に来る選手」や「土日の練習で開始時間より早くグラウンドに来る選手」が基準に示されました。しかし、チームのグラウンドは山の中にあるので、親の送迎なしに子どもたちで来ることはできません。滋賀県外から来ている選手も多いですし、仕事や小さい子どもがいる家庭もあります。つまり、選手の練習参加率や参加時間は親の都合に左右されます。練習に行きたくても行けない選手がいる可能性があります。

そこで、私は上手い方から10人をA、11人目から20人目までをBにすることにしました。守備力を中心に選手の能力を総合的に判断し、実力で序列をつける方法に決めました。判断基準は能力だけというシンプルなやり方です。これを監督の私とコーチ陣の総意として女性マネージャーに相談したら、猛反対されました。やる気を失う選手や保護者が出てくると、母親目線で指摘されました。

多賀少年野球クラブ史上初の女性マネージャーは、2年前まで息子が多賀でプレーしていました。スタッフとしてチームを手伝ってもらえませんかと、半年かけてお願いした経緯があります。マネージャーは私と違って堅実な性格なので、よく意見がぶつかります。でも、タイプが異なるからこそ参考になる意見が多いですし、ブレーキの役割も担ってくれています。抜群に気配りができるので絶大な信頼を置いています。そのマネージャーに「選手に序列をつけたら、モチベーションが下がってチームを辞める人も出てくる」と反論されました。

女性マネージャーには「序列がない時代だからこそ、自分の順位をはっきり知る機会が必要なのではないか」と説得しました。今は運動会の徒競走でも順位をつけない時代です。ただ、年齢を重ねていけば、周りと比べて自分がどのくらいの位置にいるのか評価されます。受験や就職試験で合格を勝ち取るのは成績上位者です。会社に入れば営業成績などが数字に表れます。小学生のうちから、集団の中で今の自分の位置を知っておくのは必要な経験だと私は考えました。

自分の位置を把握したからこそ、あの選手に勝てるように頑張ろうと思える選手がいます。自分より上の位置にいる選手を観察して、その差を埋めようと工夫する選手が出てきます。逆に、機嫌を損ねる選手や保護者も出てくるかもしれません。でも、現実を見てもらうことは意味がありますし、現実を知ったことで傷つくのであれば悔しい気持ちを力に変えられるはずです。チームをAとBの2つに分けて、Bで構わないと思っていれば特別な感情は沸きません。傷つくのはAに入りたいのに難しいと認識しているからです。Aに入りたい気持ちがあるのなら、序列が明確になった方が頑張れます。

このようなチーム内の大きな方針転換は保護者総会で伝えますが、保護者と話し合うわけではありません。チームの決定事項として報告し、その理由を説明する形です。110人以上の部員がいるので、何かを変えるとなれば最初は必ず反対意見は出ます。反対派の人たちを1人1人説得していたら膨大な時間がかかり、スピード感を失います。全員の大賛成を待っていたら変革できず、新しいことを生み出せません。選手に序列をつけて問題が起きるようなら、その時に解決すればいいというのが私のスタンスです。

これからの社会で問われるのは頑張った姿ではなく〝成果〟

欧米では一般的な成果主義は遠くない将来、日本でも当たり前になると思います。今の子どもたちが大人になる頃には、会社員が1日8時間働けば決められた給料を手にできる時代から、勤務時間でどれだけの成果を上げたのかが給料に反映される時代に変わっていると確信しています。問われるのは、頑張っている姿ではなく成果です。

子どもたちがプロ野球選手になる夢を持つのは素晴らしいことです。ただ、夢を叶えられるのは、ほんの一握りです。時代を先読みして、社会で活躍する人材を育てられる少年野球チームには魅力があると考えています。相手チームと勝負しながら、チーム内でも競争する。自分の長所を伸ばしたり、上手い選手のまねをしたりして、レギュラーを目指す工夫や努力は決して無駄にはなりません。序列のない時代だからこそ、スポーツを通じて小学生の時に序列を学ぶべきだと感じています。選手に序列をつけるといっても、レギュラー組のAと控え組のBのメンバーは固定ではないので、Bの選手はいつでもAに昇格するチャンスがあります。

新しい方針でスタートして約1か月が経った時、事件が起きました。昨年の全国大会に出場していた選手の保護者から「他のチームに移籍します」と告げられました。この選手は昨年、下級生ながら6年生主体のチームで試合に出ていました。ただ、新チームになってから調子が上がらなかったので、AからBに落としました。当然、調子が戻って練習試合で結果を残せばAに戻す考えはありましたが、パフォーマンスが上がらないまま1か月ほどが経過していました。子どものモチベーションには変化はなく、Aに戻ろうと頑張っていました。ところが、保護者には不満が募っていました。私たちのチームには選手の起用法に基準があります。それは保護者に伝えていない部分だったので、移籍を申し出た保護者は納得がいかなかったのだと思います。

この選手は昨年の全国大会にスタメンで出ていました。ただ、県予選では控えでした。予選ではベンチ入りした全ての選手に出場機会を与える中で、この選手はバントやエンドランといったつなぎの役割を上手く果たしていました。それから、大事な場面で何度も守備でファインプレーを見せました。総合的な実力では元々レギュラーだった選手の方が上でしたが、大舞台での強さを買って全国大会の本戦からスタメンで起用しました。

6年生主体のチームは当然ながら、中心を担うのは6年生です。ベンチ入りメンバーの4年生と5年生の役割は、6年生のフォローになります。具体的に言うと、打撃ではバントや進塁打の成功率、守備では確実性を求めています。打力や走力は、そこまで高い必要はありません。主軸に座る6年生がしっかりと得点を挙げてくれるからです。

6年生と4、5年生に求める役割は異なるので、5年生の時にレギュラーだった選手が6年生でもスタメンで試合に出られるわけではありません。5年生の時と同じプレーや役目を、6年生の選手には求めていません。6年生はチームの中心戦力にならなければ、レギュラーにはなれないわけです。6年生と4、5年生が同じレベルの力なら、私は4、5年生を起用します。

移籍を申し出た保護者はチームの起用法を知らず、息子が実力でポジションを勝ち取ったと思い込んでいました。私は移籍を希望する親子を引き留めません。快く送り出します。中には、部員の減少や戦術や練習方法の流出を嫌がって選手を引き留めるチームもあります。私の希望は子どもたちが野球を好きになって、できるだけ長く続けてもらうことです。多賀少年野球クラブで野球の楽しさを知り、別のチームで野球を継続するのであればうれしい限りです。

これまでも別のチームに活躍の場を求めて移籍した選手はいます。過去の選手と同じように、チーム全体のグループＬＩＮＥでこの選手の退団を報告し、保護者には「新しいチームが決まったら連絡ください。そのチームの監督に電話して挨拶しますので」と伝えました。

退団の意思を告げられてから3日後。保護者から電話がかかってきました。移籍先のチームが決定した連絡だと思ったので、私は「新しいチームは、どこになりましたか？」とたずねました。すると、「新しいチームが決まりました。多賀少年野球クラブに入部させてください」と答えが返ってきました。

もちろん、私は再入部を歓迎しました。電話を切ると、チームのグループＬＩＮＥで部員加入を共有しました。うちのチームに戻って来る理由について、保護者はこのように説明しました。

「息子が中学校で野球を続けることを考えると、小学生の時に多賀少年野球クラブ以上に力を伸ばせるチームはないと気付きました」

この保護者は息子がレギュラーを奪い返す以上に、小学生のうちに最大限、能力を伸ばせる環境を重視しようと考え方が変わったわけです。再入部を報告したグループＬＩＮＥでは「おかえり」、「待っていた」という内容のコメントがありました。一方、子どもが親に振り回されていると感じた人もいました。子どもはチームを移籍したいとは思っていませんでした。結局は親の感情で影響を受けてしまいます。

序列をつけた成果主義に賛成していた保護者は、この事件でＡとＢにチームを分けない元の形に戻ってしまうのではないかと心配していました。今までの1チーム20人で動いていた時よりも全ての選手に試合経験が増えたため、序列に賛成派の保護者からは「ＡとＢに分けていただき、ありがとうございます」と連絡が来ました。今まで20人で動いていたチームがＡとＢ、2つのチームになって試合経験が増えたことへの感謝でした。

私たち指導者は日本一を目指しながら、それぞれの選手を小学生の間に限界まで成長させるつもりです。幼児から小学6年生まで110人以上の選手を預かっているので、レギュラー以外の選手も大事にしていかなければいけないと思っています。チームでは、レギュラー組のAも控え組のBも同じ練習をして、同じ試合数をこなせるようになりました。もしメンバー15人のチームが「うちは全選手を試合に出しています」と言っても、代走や守備の出場に限られる選手が出てきます。20人の選手を2チームに分けたことで、十分な試合経験を積めています。移籍を申し出て3日で再入部する〝事件〟以降、保護者の不満は表に出ていません。結果的に、選手は1人も減っていません。

多賀少年野球クラブは選手の育成が中心です。勝利を目指していないという意味ではなく、選手を育成できれば自然に勝てると考えています。勝つために手段を選ばない行き過ぎた勝利至上主義には当然反対ですが、私は勝ちにこだわることを今まで一度も否定していません。一生懸命練習している選手たちが勝ちたいと思うのは理解できますし、その姿を見た指導者や保護者が勝たせてあげたいと考えるのも自然です。勝利はエネルギーになりますし、自信にもつながります。勝利を目指しているからこそ、結果的に勝利以外の学びがあります。

間違えてはいけないのは、序列をつけたり、勝利を追求したりする時期です。幼児や小学校低学年の子どもを他人と比較して、序列をつける必要はありません。それぞれの子どもが成長を感じられるような指導をする時期です。一方、小学校高学年は勝利という成果を求める時期だと思います。昨夏の全国大会で2回戦敗退が決まった時に号泣する選手を見て、どれだけ勝ちたかったのかが伝わってきました。指導者として、その思いに応えなければいけないと改めて感じた瞬間でした。

日本社会も近い将来、欧米のように成果主義になると先ほど書きましたが、それは今以上に勝利の価値が高くなる時代が来るということを意味します。小学1年生と6年生は、同じ小学生でも大きな差があります。少年野球を一括りで語ると、勝ちを目指すことが悪いかのような誤解を生んでしまいます。小学1、2年生は遊びの延長で野球を楽しんで、上手くなったと感じられるように大人がサポートする。小学5、6年生はチーム内外で競争して、勝利を目指す意識が必要だと思っています。小学校高学年は、そんなに子どもではありません。

スタメンを狙っている選手がチーム分けでレギュラー組のAから漏れた時、最初は落ち込みます。客観的に見てチーム内で上から9番以内に入れると思っていて、実際は11番目と評価されれば悔しさを感じます。でも、AとBのメンバーは入れ替えがあるので、結果を残せばスタメンに入るチャンスがあります。普段の練習では同じメニューをこなすので、なかなかライバルと差を縮めるのは難しいです。そうなったら、チーム練習のない平日に努力するはずです。チーム内競争は選手を成長させ、チーム力も上がっていきます。

実戦不足は序列をつけた成果主義で解決できました。もう1つの課題、持久力不足は練習時間を長くすることが最も簡単な解決方法だと思います。実際、2018、2019年とマクドナルド・トーナメントを連覇した時は、土日とも朝から日が暮れるまで丸一日練習していました。しかし、少年野球の常識となっている長時間練習に疑問を抱き、ここ数年は短い時間で効果を上げる方法を追い求めてきました。そして、練習メニューを工夫すれば、丸一日練習しなくても十分に選手たちは上手くなる成果が出ています。令和の根性野球が目指すのは、練習時間は半日のまま持久力をアップする練習です。安易にランニングやトレーニングを追加するのではなく、同じ時間で持久力を鍛える方法を考えました。

では、今の活動時間で効果的、効率的に持久力を向上させるにはどうしたらいいのか。思い付いたのは、練習メニューを切り替えるタイミングと、練習試合や公式戦で攻守交替する時間でした。バッティングマシンは8秒に1球のペースでボールが出てきます。次のボールが来るまでに2回素振りをします。そして、打ち込みが終わって疲れた状態のまま、全力でボール拾いをします。試合ではダッシュで攻守交替。アウトになったバッターはベンチまで全力疾走で帰ります。

今まではプレー以外の時間は力をセーブしていました。そこを常に全力でやれば、時間を長くしなくても持久力不足の課題を克服できると考えました。これまでの練習内容や、野球のスタイルを変える必要はありません。重要なのは、子どもたちに言葉をかけて「全力はかっこいい」と思ってもらうことです。かっこいいことは自主的に取り組みます。苦しんで必死に耐える昭和の根性野球ではなく、ストレスを感じず厳しいことに自ら飛び込む新しい形の根性野球に挑戦しています。

全力でプレーすることのカッコよさ
〝令和の根性野球〟の成果は数年後にでる

令和の根性野球への方針転換が正しかったのかどうかは、数年後に答えがでると思います。挑戦が失敗したら別の方法を考えれば良い話です。まずは、やってみないと分かりません。それでも、チームが正しい方向に進んでいると確信した出来事がありました。

今年1月7~9日の3連休、レギュラー組のAと控え組のBはともに東京都に遠征へ行きました。チームは年末年始の期間に活動していません。正月明けの平日に自由参加の練習機会を2日間つくりましたが、参加したのはAとBのメンバー計20人のうち半分くらいでした。ほぼ全員がなまった体のまま遠征に臨みました。

遠征では午前9時半から、AもBも1日4試合をこなすハードな日程です。肩や肘への負担を考慮して、投手は1日70球までの球数制限を設けました。4試合戦うので全員が投手をします。みんな体が重くて動かない中、投げるのも打つのも走るのも守るのも全力です。そして、凡打でも一塁まで全力で走り、攻守交代も全力疾走します。

4試合を戦い終えると、午後4時を過ぎていました。選手たちは試合開始2時間前から練習していたので、試合が終わった時点で10時間近くグラウンドにいたことになります。しかし、まだ1日は終わりません。補食でエネルギー補給して、宿泊するホテルの近くにある室内練習場へ移動します。マシンを使って、全選手が2時間半打ち込みました。バッティングで使っているのは、甲子園常連校の近江高校から譲ってもらった硬式野球用の重いバットです。

ホテルで食事をして風呂に入り、選手たちは午後9時半頃に寝ました。翌日も試合開始2時間前の午前7時半から、練習スタートです。遠征初日は正月明けで体が重くて動けなかった選手たちは2日目、今度は前日の練習と試合による筋肉痛で体が言うことをききません。思い通りに動かない体でも、誰もが全力を貫きます。体は全身筋肉痛でも元気いっぱいで全力を出せるのは、ストレスのない環境でやる野球が楽しいから。昨夏に全国大会で負けた悔しさがあるから。全力プレーはかっこいいから。前向きな理由ばかりです。選手たちは3日間、一切手を抜かずにやり切りました。

私は、この遠征で2度泣きました。試合中に泣いたのは初めてです。1度目は、外野の間を抜く長打を打った選手が二塁ベースに到達した時です。疲労から一塁ベースを蹴ったところで足が回らなくなり、這いつくばりながら二塁ベースに手を伸ばしてツーベースにしました。塁上で笑顔を見せる姿に、「こんな状態になっても全力でやっている」と感激して涙が出てきました。

2度目は守備でのファインプレーです。ピンチで左翼線に大きな飛球を打たれた時、左翼手が目いっぱい体を伸ばしてダイビングキャッチしました。左翼手は疲れて、しばらく立てませんでした。「もう動けない」と言いながらも、選手たちは自ら力を振り絞っていました。全力プレーのかっこよさは、私の想像以上だったと子どもたちが教えてくれました。

私は遠征を終えて、令和の根性野球への確かな手応えをつかむと同時に、2つの後悔が頭によぎりました。1つ目は、自分自身が小学5、6年生の時、フラフラになるまで何かに全力で打ち込んだ経験がなかったという後悔です。もっと早く、全力で取り組む大切さに気付いていればと強く思いました。

もう1つは、大人になった今、全力で生きていないという後悔です。後悔よりも反省に近いかもしれません。少年野球の指導も、日々の仕事も、どこかで妥協していないかと自問自答しました。3日間の遠征を通して、自分は子どもたちのように全力で生きていないと思い知らされました。子どもたちに恥ずかしくない生き方をしないといけないと心に誓いました。

何年先になるか分かりませんが、私が少年野球の監督を辞める時、この日を必ず思い出すと思います。こんなに感動したのは初めてで、子どもたちに感謝しかありません。子どもたちの全力は大人を変える力、社会を変える力があります。「大人が変われば子どもが変わる」、「子どもは社会の鏡」とよく言われますが、これからの時代は大人や社会を変えるのは子どもたちの姿かもしれないと感じました。

遠征は初日と2日目に4試合、3日目は午前中に2試合と計10試合を戦いました。レギュラー組のAチームは10戦全勝でした。私は初日、控え組のBチームのベンチに入りました。試合には勝てませんでしたが、全力でプレーする子どもたちの姿に「もっともっと上手くなる」と感じていました。試合後、Bチームの保護者だけを集めました。「選手たちにミスはありましたが、心を動かされませんでしたか?」と問いかけると、誰もがうなずいていました。中には目をウルウルさせている保護者もいました。そして、続けました。

「子どもたちに全力でやれと言っている私たち大人が手を抜いて生きていませんか? 仕事、家事、育児をさぼっていませんか? 子どもたちに恥じない生き方をしているか考えましょう。きょうの子どもたちの姿を見て何も感じない大人はいないはずです」

多賀少年野球クラブに入ってきたのなら、選手たちには他の子どもが経験できない時間を過ごしてほしいと思っています。せっかく時間も労力も割いて野球をやっているのに得るものが何もなければ、野球をやっていない子どもと同じ生活になってしまいます。それなら、野球をやらない方が時間を有効活用できます。子どもたちの成長には指導者と保護者、大人のサポートが必要です。保護者には「私たち指導者はBチームの選手も全力で指導します。子どもたちの全力プレーに感じるものがあったのであれば、全力で子どもたちを支えてください」と訴えました。保護者の目はミーティングの後、明らかに変わりました。

お母さんたちは夜、子どもたちのユニフォームを洗濯し、食事の買い出しもしてくれました。お父さんたちは全力でボール拾いをしてくれました。足をつりながら試合の審判をしてくれた人もいました。どもたちは親への感謝を上手く表現できないかもしれませんが、全力で野球に打ち込めるのはお父さんやお母さんのおかげと分かっています。私は子どもたちに「自分が親になった時、お父さんやお母さんにしてもらったことを自分の子どもにしてあげてほしい」と伝えています。それが親への感謝となり、スポーツの価値が次の世代へと継承されていきます。

令和の根性野球へ方針転換してから約5か月経ったゴールデンウィーク。チームはマクドナルド・トーナメント出場をかけた滋賀県大会で優勝しました。今年は例年と違い、試合の前後にも練習しました。保護者には負担をかけてしまいましたが、今までは試合開始1時間前としていた集合時間を2時間前に変更。体を動かしてから試合に入りました。連戦でもばてることなく、試合の後もしっかりと練習する余裕がありました。同じ練習時間でも内容を濃くして体力を強化する成果が確実に表れていると手応えを感じました。

社会は全力に飢えています。全力が恥ずかしいという風潮があります。多賀少年野球クラブは、まだまだ進化します。両立が不可能に見える「令和の時代」と「根性野球」の融合を楽しみにしていてください。

Taga

おわりに

勝利〝至上〟主義ではなく勝利〝理想〟主義

昭和のスポ根から始まった私の少年野球指導は、「ノーサイン＝脳サイン野球」、「世界一楽しく！　世界一強く！」、「令和の根性野球」と進化しています。常識を疑い、常に今以上の指導を追い求めています。

ただ、多賀少年野球クラブを立ち上げた35年前から変わっていないものもあります。それは、勝利への気持ちです。勝負をかける公式戦、今で言えば高円宮賜杯全日本学童軟式野球大会マクドナルド・トーナメントは絶対に経験させてあげたいと思っています。勝利に導く育成のこだわりが指導のエネルギーになっているところは、ずっと同じです。チームが勝利する手段が選手の育成であって、子どもたちが自ら成長する仕組みが野球を楽しむことです。楽しむことを目的にしてしまうと、選手の育成に関しては思考停止になると考えています。勝利を放棄したら、私はエネルギーを奪われて少年野球チームの指導ができないでしょう。結果（勝利）を目指していたら、楽しくする（理想）が生まれただけです。私は「勝利理想主義」と言っています。

多賀少年野球クラブに怒声・罵声はありません。ノーサインや野球を楽しむ姿勢は当たり前になり、あえて目標にする必要はなくなりました。今は考える力がチームの軸となり、私の指導法や練習方法を視察に来る指導者は増えています。でも、私が何事も考えるようになったのは少年野球の指導者を始めてからです。中学や高校で選手として野球をしていた頃は、監督の言葉やチームのルールを全て受け入れて、ただ従うだけでした。

多賀少年野球クラブを立ち上げてからも、今思えば反省ばかりです。特に後悔しているのは、自分を大きく見せようとした振る舞いです。チームを創設した時、私は20歳。他のチームの指導者や保護者は誰もが年上で、馬鹿にされたくないと強く思っていました。選手たちに厳しく接して絶対的な上下関係を築いたのは、グラウンドの中で保護者に一切口出しをさせないためでした。そんな指導では、部員が増えないのは当たり前ですよね。本来、私は人を笑わせたり、楽しませたりするのが大好きな性格なのに、威厳を保とうと必死でした。

10年前、20年前に多賀少年野球クラブに所属していたＯＢが今の私の指導を見たら、別人と錯覚するくらい驚くでしょう。チーム作りは変えられます。変化には時間や労力が必要かもしれません。失敗するかもしれません。それでも、まずは何でもやってみることが大切です。駄目なら次の方法を考えればいいんです。失敗したら真逆の方法を試す。成功したら、上手くいった要因を分析する。その繰り返しで、チームは良くなります。私は「とりあえず、やってみる。駄目ならやめればいい」を口ぐせにしています。

変化を恐れている指導者の皆さん、安心してください。私が先を歩いて成功例を示し、招き入れます。ノーサインも楽しさと強さを両立する指導も、最初は否定されました。ところが、チームは毎年のように全国大会に出場し、部員は１１０人を超えるまでになりました。常識は変えられるんです。

野球の競技人口減少が叫ばれていますが、保護者が魅力を感じる付加価値をチームが提供できれば、野球をする子どもは必ず増えます。そして、キーワードになるのは「考える力」です。監督やコーチのサインで動くのではなく、選手たちが一手、二手先を予測して自分たちの判断でプレーする。将棋のように頭を使う野球には、先を読む力や物事の裏側を想像する力など、社会で生きる要素がたくさん詰まっています。

今回、この書籍ではノーサイン野球を可能にする思考や練習法をお伝えしました。門外不出で今まで明かしてこなかった多賀少年野球クラブの肝となる部分です。長年苦労して形にしたチーム作りのポイントを詳細に語ったのは、私たちのチームだけ成功しても少年野球界のためにはならないと判断したからです。全国にいる少年野球チームの監督やコーチが私の指導法を参考にして、1人でも野球を選ぶ子どもを増やしてほしいと願っています。

2023年6月吉日　辻正人

辻正人（つじ・まさと）

1968年1月25日、滋賀県多賀町出身、野球指導者。中学から本格的に野球を始め、近江高では野球部に所属し三塁手として活躍。20歳の時、現在も監督を務める「多賀少年野球クラブ」を創設。2023年で指導歴35年を迎え、学童野球の2大大会である、「マクドナルド・トーナメント」と「全国スポーツ少年団軟式野球交流大会」で計3度の日本一。「世界一楽しく、世界一強く」「勝利と育成の両立」を掲げ、子どもが自らが意欲的に主体的に練習に取り組んで上達していく指導法は全国の学童野球の指導者から注目を集めている。
チーム OB には、則本昂大 (東北楽天ゴールデンイーグルス) をはじめ、24名の甲子園球児がいる。

Instagram：https://www.instagram.com/masatotsuji30/

構成　間 淳

カバー・本文デザイン　二ノ宮 匡（ニクスインク）
DTP オペレーション　松浦 竜矢

編集協力　花田 雪

企画協力　永松 欣也

編集　滝川 昂（株式会社カンゼン）

多賀少年野球クラブ
『脳《ノー》サイン野球』で
考える力と技術が自然に伸びる！

発 行 日　　2023年8月4日　初版

著　　者　　辻 正人
発 行 人　　坪井 義哉
発 行 所　　株式会社カンゼン
〒101-0021
東京都千代田区外神田2-7-1 開花ビル
TEL 03（5295）7723
FAX 03（5295）7725
https://www.kanzen.jp/
郵便為替 00150-7-130339
印刷・製本　　株式会社シナノ

ISBN 978-4-86255-687-5
Printed in Japan
定価はカバーに表示してあります。

ご意見、ご感想に関しましては、kanso@kanzen.jp まで E メールにてお寄せ下さい。お待ちしております。